汽车专项维修技术精华丛书

奔驰宝马
汽车电子维修
彩色图解

济南捷锐奥奔宝汽车技术有限公司　组编
胡杰　编著

机械工业出版社
CHINA MACHINE PRESS

内容简介

《奔驰宝马汽车电子维修彩色图解》主要讲解奔驰和宝马汽车发动机电脑、变速器电脑、仪表、防盗系统等的维修方法，详细描述了故障现象、检测方法、修复步骤以及维修后的测试方法。

全书根据真实维修过程编写而成，图文并茂，从实践中来，到实践中去，适合奔驰和宝马汽车维修人员、德系高级汽车电子维修人员、汽车电子爱好者阅读。

图书在版编目（CIP）数据

奔驰宝马汽车电子维修彩色图解 / 胡杰编著；济南捷锐奥奔宝汽车技术有限公司组编. —北京：机械工业出版社，2018.6

（汽车专项维修技术精华丛书）

ISBN 978-7-111-60249-1

Ⅰ. ①奔… Ⅱ. ①胡… ②济… Ⅲ. ①汽车–电子系统–维修–图解 Ⅳ. ① U472.41 – 64

中国版本图书馆 CIP 数据核字（2018）第 133303 号

机械工业出版社（北京市百万庄大街22号　邮政编码100037）
策划编辑：齐福江　　责任编辑：齐福江　谢　元
责任校对：张　薇　　封面设计：鞠　杨
责任印制：李　昂
北京瑞禾彩色印刷有限公司印刷
2018年8月第1版第1次印刷
184mm×260mm · 8.5 印张 · 198 千字
0 001—2500 册
标准书号：ISBN 978-7-111-60249-1
定价：118.00元

凡购本书，如有缺页、倒页、脱页，由本社发行部调换

电话服务　　　　　　　　　　网络服务
服务咨询热线：010-88361066　机工官网：www.cmpbook.com
读者购书热线：010-68326294　机工官博：weibo.com/cmp1952
　　　　　　　010-88379203　金　书　网：www.golden-book.com
封面无防伪标均为盗版　　　　教育服务网：www.cmpedu.com

前 言

随着汽车工业的飞速发展，电子技术在汽车上的应用越来越广泛，奔驰、宝马等高档汽车装配电脑的数量更是庞大。由于汽车电脑价格昂贵，部分电脑在更换后还需要在线编程，一般汽车修理厂做不了在线编程，所以高档汽车电脑维修变为汽车维修行业的热点和难点。

维修汽车电脑需要掌握很多电子知识，大部分汽车维修人员对电子知识掌握不多，现在市面上关于汽车电脑维修方面的图书大部分讲得过于笼统或比较基础，在真正维修时派不上用场，因此我编写了《奔驰宝马汽车电子维修彩色图解》。

本书内容包括奔驰和宝马汽车发动机电脑、变速器电脑、仪表、防盗系统、车身电脑等维修方法，采用彩色图解的方式详细展现了维修步骤，描述了电脑损坏后的故障现象、电脑损坏的原因、修复过程以及维修后的测试方法，基础较差的人员也可以轻松看懂书中的内容。

本书由济南捷锐奥奔宝汽车技术有限公司组编，胡杰编著，由于作者水平有限，如有不足之处敬请读者批评指正，移动电话（微信）：18653123791，网址：www.jnjierui.com。

编著者

目 录

前 言

第一部分　发动机电脑

一　宝马N52发动机电脑BSD故障维修　2
1. 故障解析　2
2. 检测方法　3
3. 免开壳维修技巧　4
4. 更换芯片方法　5

二　宝马N20发动机电脑更换步骤　6
1. 故障解析　6
2. 读取原车电脑数据方法　6
3. 原车数据写入新电脑的详细步骤　20
4. 更换电脑注意事项　29

三　宝马N20、N55气门升程电动机不工作维修方法　30
1. N20发动机电脑易损部件　30
2. N55（小板）发动机电脑易损部件　31
3. N55（大板）发动机电脑易损部件　33
4. 检测方式　33
5. 故障判断方法　34

四　奔驰272、273发动机电脑维修　35
1. 故障现象　35
2. 故障原因　35
3. 维修方法　35

第二部分　变速器电脑

一　宝马7系F02变速器电脑维修　38
1. 电脑出现故障后产生的故障码　38
2. 发生故障的部件位置　40
3. 需要修复的位置　40
4. 修复步骤　41
5. 修复后的检测方法　43

二　奔驰722.9变速器电脑维修　46
1. 电脑出现故障后产生的故障码　46
2. 发生故障的部件位置　47
3. 需要修复的位置　48
4. 修复步骤　48
5. 修复后的检测方法　50

三　奔驰722.8变速器电脑维修　53
1. 电脑出现故障后产生的故障码　53
2. 发生故障的部件位置　54
3. 电脑开壳步骤　55
4. 需要修复的位置　56
5. 修复步骤　57
6. 修复后的检测方法　58

第三部分　仪表

一　宝马仪表每次打开点火开关总里程增加5km　62
1. 故障现象　62
2. 相关故障码　62
3. 故障原因　62
4. 解决方案　62

二　宝马F底盘车型仪表显示红点　63
1. 故障现象　63
2. 相关故障码　63

3. 故障原因	64
4. 新款仪表解决方案	64
5. 老款仪表解决方案	65
6. 修复完成	65

三　奔驰更换二手仪表方法　66

1. 解析	66
2. 仪表存储器为95128的更换方法	66
3. 仪表存储器为24C16的更换方法	66
4. 仪表存储器为24C04的更换方法	67
5. 旧仪表无法读取数据时的更换方法	68

第四部分　防盗系统

一　宝马F18更换CAS4电脑编程后无法起动　70

1. 故障现象	70
2. 解决方案	70
3. 维修步骤	70

二　奔驰W164锁头维修　74

1. 故障现象	74
2. 部件故障位置	75
3. 维修方法	75
4. 修复后的测试方法	76

三　奔驰W204、W212 ELV损坏后的维修方法　77

1. 如何判断ELV损坏	77
2. 如何判断ELV是电动机损坏还是数据锁死	77
3. 更换电动机拆装步骤	79
4. CPU数据解锁方法	82
5. 匹配ELV步骤	90

四　奔驰W212、W204取消ELV方法　96

1. 解析	96
2. 取消原因	96

3. 取消方法　　96
4. 故障现象　　96
5. 获取钥匙密码方法　　97
6. 取消 ELV 的详细步骤　　98

五　奔驰原车EIS丢失后匹配方法　　105

1. EIS 数据解析　　105
2. 获取 SSID 数据方法　　105
3. 获取车架号　　106
4. 获取钥匙密码方法　　106
5. 8 个钥匙数据和特殊钥匙数据获取方法　　107
6. 写入正确数据到 EIS 方法　　108

第五部分　其他电脑

一　宝马脚部空间模块FRM维修　　110

1. 故障现象　　110
2. 故障原因　　110
3. 修复方法　　110
4. CPU 型号　　111
5. 读写数据接线图　　111
6. 维修步骤　　112

二　奔驰S级W221 KG智能电脑维修　　121

1. 故障现象　　121
2. 故障原因　　121
3. 维修方法　　121
4. 维修步骤　　121
5. 数据对比　　127

第一部分

发动机电脑

一、宝马 N52 发动机电脑 BSD 故障维修

宝马 MSV90 电脑适用于 F 底盘车型 N52 发动机。

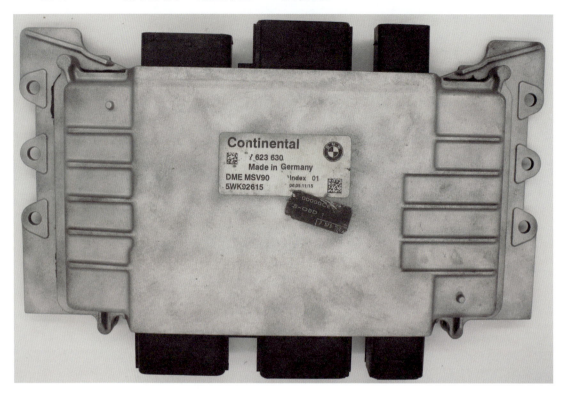

1. 故障解析

1）故障现象：无法检查机油量，有时还会造成发动机怠速偏高。
2）故障原因：一般是因为点火线圈漏电造成电脑损坏。
3）修复方法：更换电脑内部的 BSD 通信芯片。
4）出现故障后产生的故障码如下图所示。

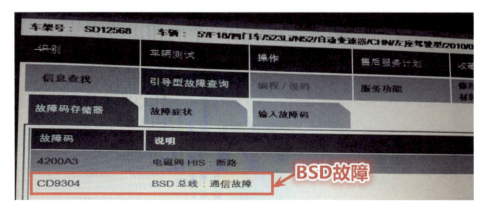

2. 检测方法

1）给电脑供电。

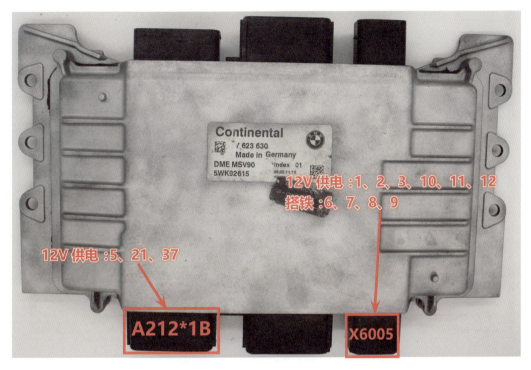

2）用万用表测量 BSD 信号电压。

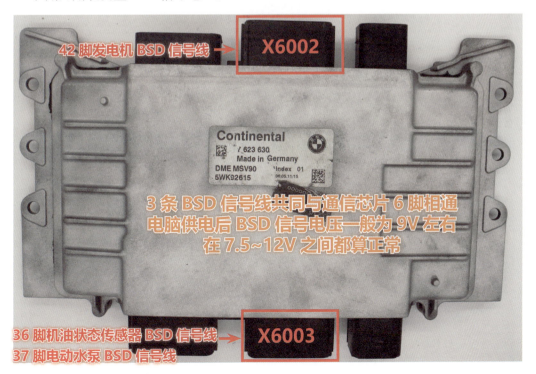

3. 免开壳维修技巧

1）用模板找出芯片位置。

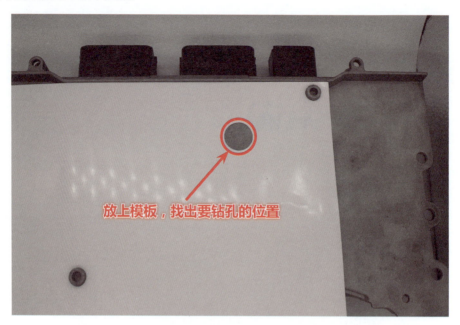

放上模板，找出要钻孔的位置

2）用台钻给电脑钻孔，然后用气枪对着钻头吹，把钻下的铝屑吹开，以免掉入电脑内。

用气枪对着钻头，吹掉钻下的铝屑

4. 更换芯片方法

1）芯片型号是 TJA1020。

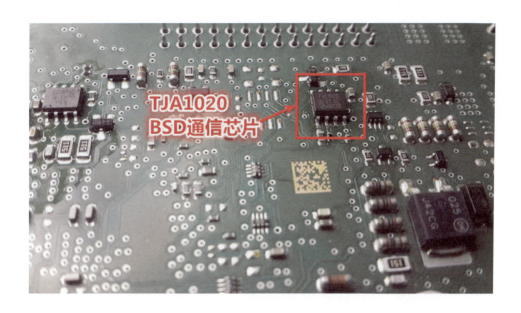

2）用热风枪吹芯片，当焊锡熔化后，用镊子夹出芯片，然后放入好的芯片，用热风枪焊接。焊接完成后，用防水防热胶带粘住圆孔，维修完毕。

二　宝马 N20 发动机电脑更换步骤

宝马 N20 发动机电脑适用于宝马 5 系 F18、3 系 F35、X3 F25 等车型。

1. 故障解析

更换原因一般是因为进水、事故车撞坏、气门升程电动机系统出现故障等。

2. 读取原车电脑数据方法

1）连接设备，然后双击图标打开软件 KTM100。

二 宝马N20发动机电脑更换步骤

2）显示"硬件找到"，单击"确定"按钮。

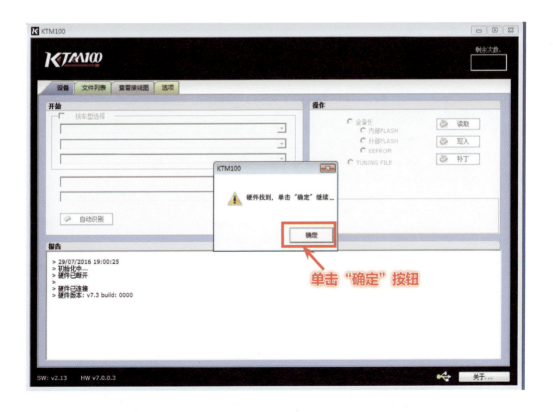

3）显示设备的序列号。

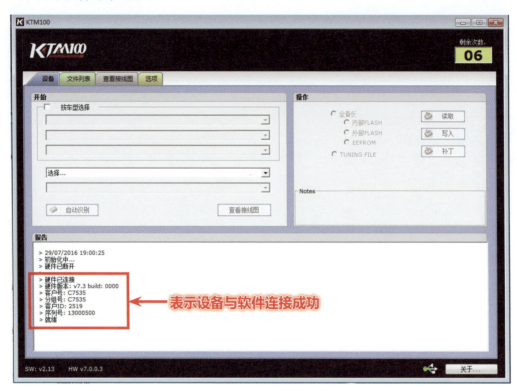

4）选择芯片品牌。

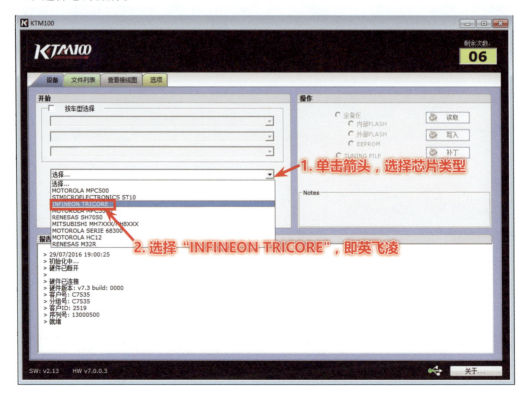

5）选择电脑品牌、型号、加密读写模式以及车型。

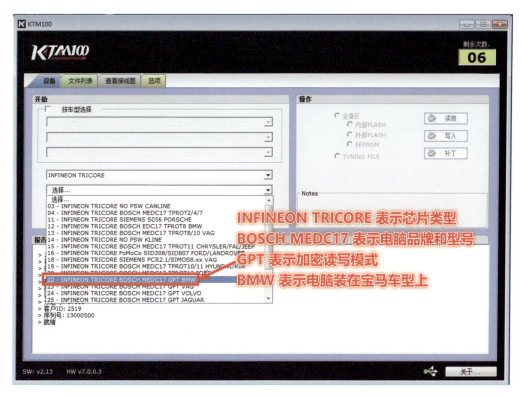

6）单击"查看接线图"按钮。

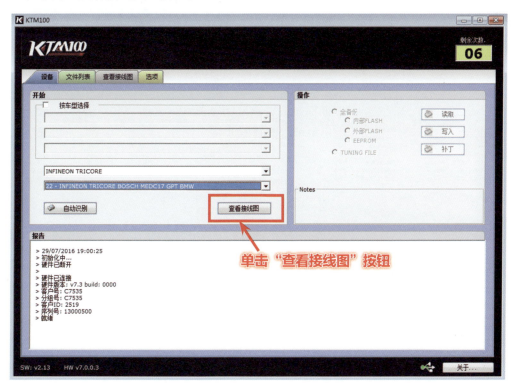

7）选择对应的接线图。

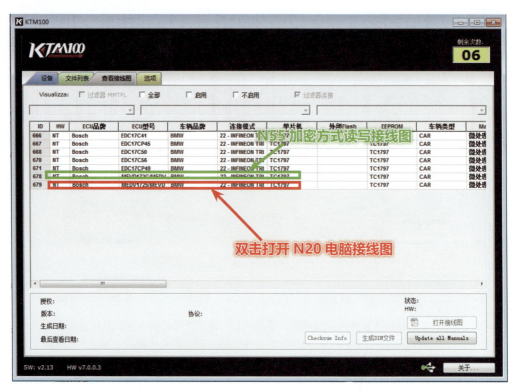

8）单击"确定"按钮。

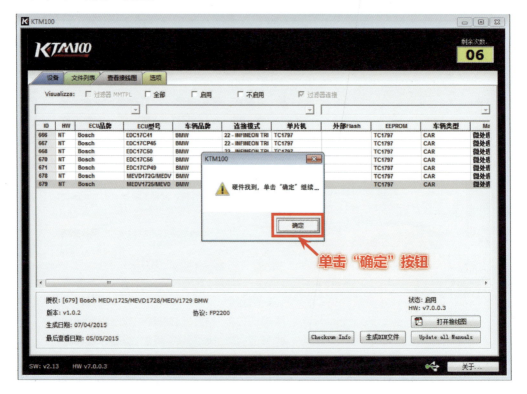

二　宝马N20发动机电脑更换步骤

9）每条线的功能说明如下图所示。

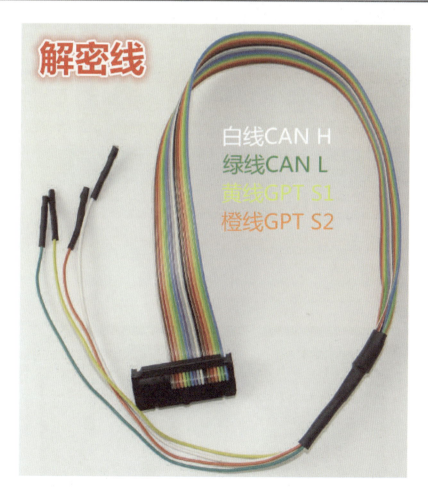

COLORE FILO WIRE COLOUR	DESCRIZIONE DESCRIPTION
ROSSO / RED	POSITIVO DIRETTO POWER BATTERY
ARANCIO / ORANGE	POSITIVO SOTTO QUADRO POWER SWITCH ON
NERO / BLACK	MASSA GND
GIALLO / YELLOW	KLINE
VERDE / GREEN	CAN LOW
BIANCO / WHITE	CAN HIGH
GRIGIO / GREY	POL4 BOOT
BLU / BLUE	POL5 CNF1
VIOLA/GRIGIO PURPLE/GREY	TENSIONE PROG. PROG. VOLTAGE
MARRONE BROWN	RESET

10)读数据连接。

① 第一种读数据连接方法需要拆壳。

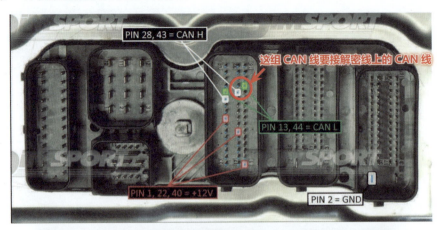

PIN / Colore PIN / Coulor	DESCRIZIONE DESCRIPTION
	GPT_S2
	GPT_S1

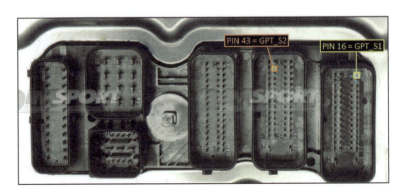

② 第二种读数据连接方法免拆壳，只需钻一个小孔。

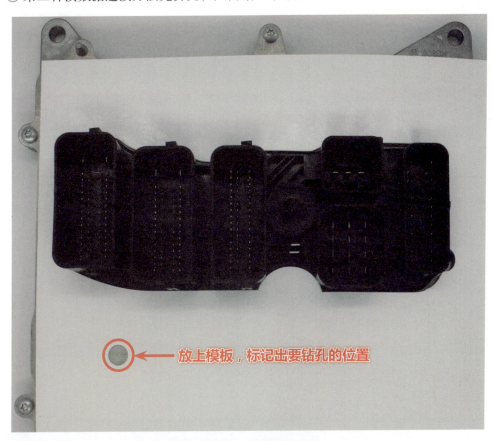

放上模板，标记出要钻孔的位置

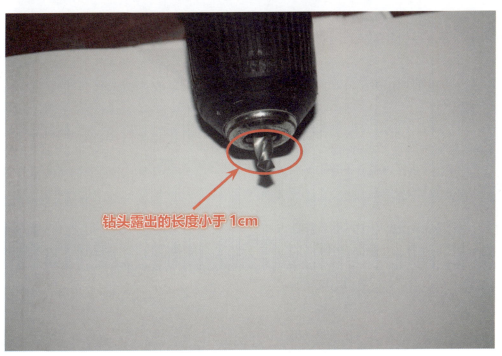

钻头露出的长度小于 1cm

拿风枪或气泵对准钻头，吹掉钻下来的铝屑

用探针连接 BOOT 点

11）选择设备，单击"自动识别"按钮。

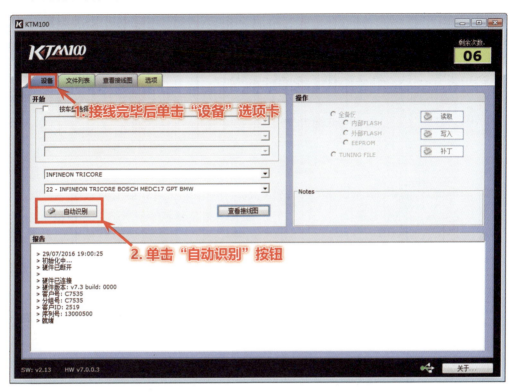

12）单击"是"按钮。

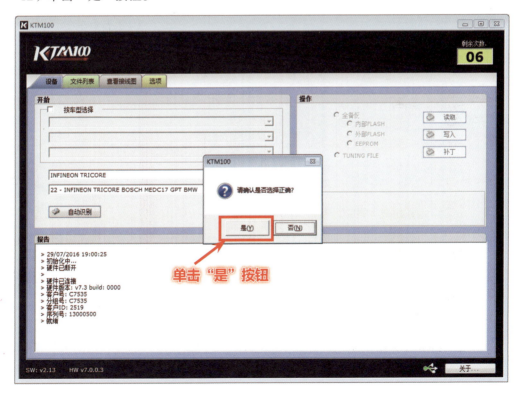

13）识别出电脑的相关信息，会提示设备可用次数，单击"确定"按钮。

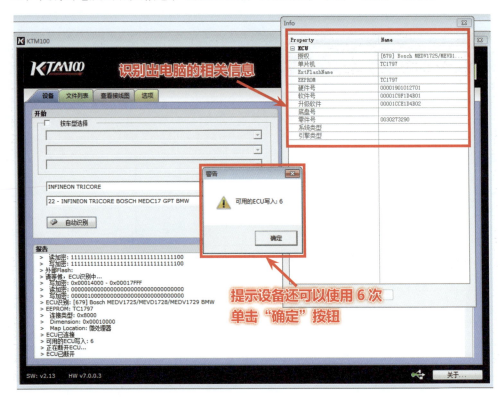

14）内部 FLASH 和 EEPROM 变为黑色，表示可以读写，可以进行选择。

15)选择"EEPROM"单击"读取"按钮。

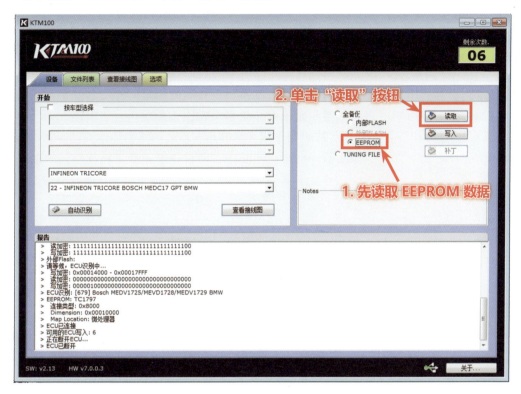

16)显示读取 EEPROM 进度条。

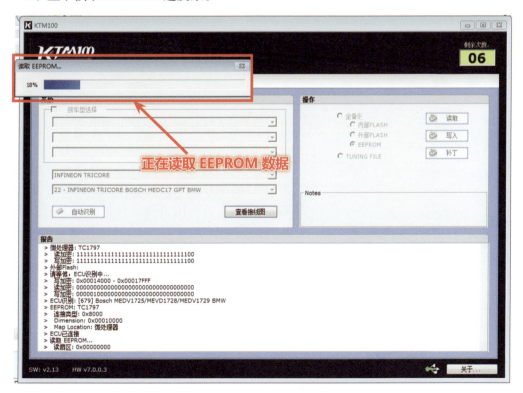

17）读取完成，选择保存位置，输入保存文件名，选择保存类型，单击"保存"按钮。

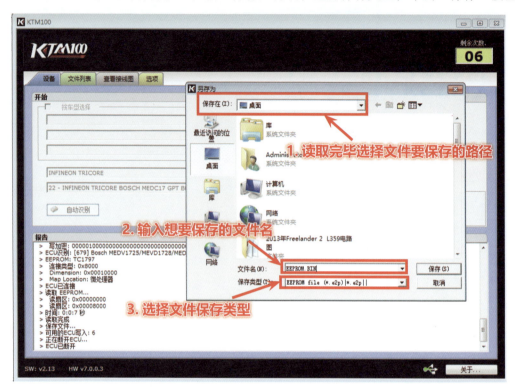

18）再选择"内部FLASH"，单击"读取"按钮。

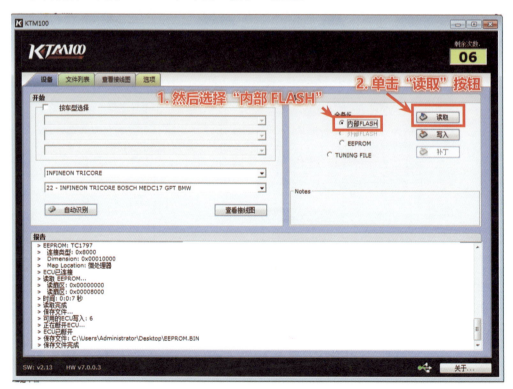

19）显示读取 FLASH 数据进度条。

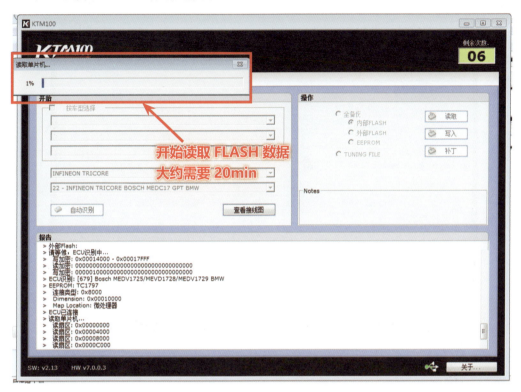

20）读取完成，选择保存位置，输入文件名，选择保存类型，单击"保存"按钮。

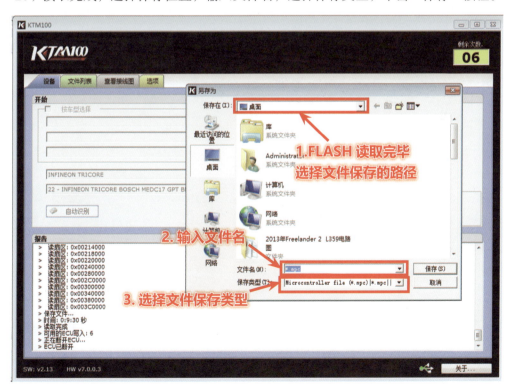

21）内部 FLASH 和 EEPROM 数据全部保存成功。

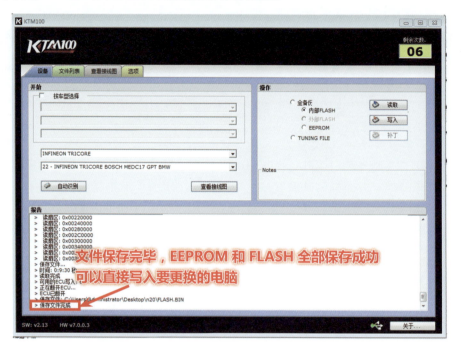

3. 原车数据写入新电脑的详细步骤

1）首先按读取原车电脑数据的接线图，把电脑和设备连接好，然后单击"自动识别"按钮，提示"ECU 识别错误"，单击"确定"按钮。

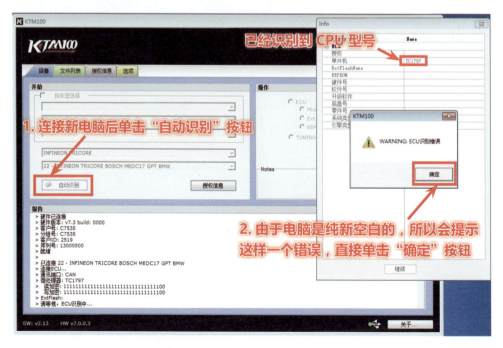

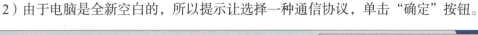

2）由于电脑是全新空白的，所以提示让选择一种通信协议，单击"确定"按钮。

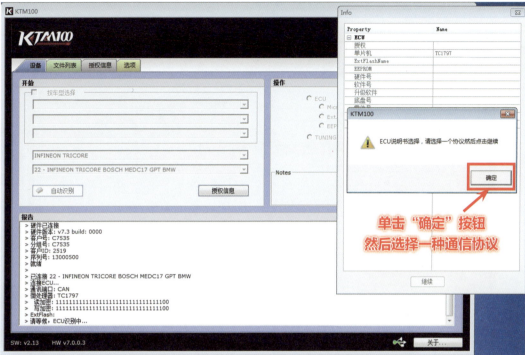

3）单击红框处向下箭头，选中与绿框内相同的协议，也可以任选一种宝马协议，单击"继续"按钮。

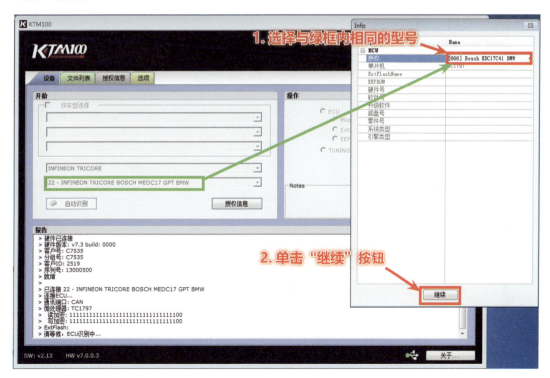

4）ECU下面两个选项由灰色变为红色,"Micro"数据与FLASH数据相同,由于电脑是全新空白的,显示红色是正常的。

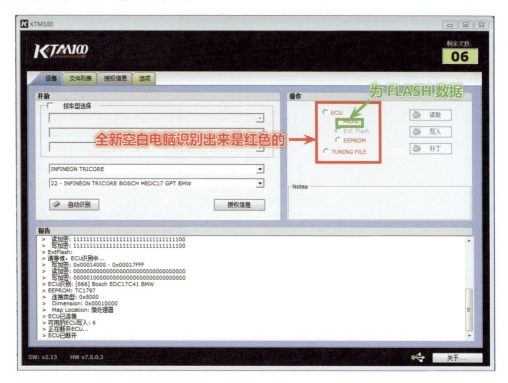

5）选择"EEPROM",单击"写入"按钮。

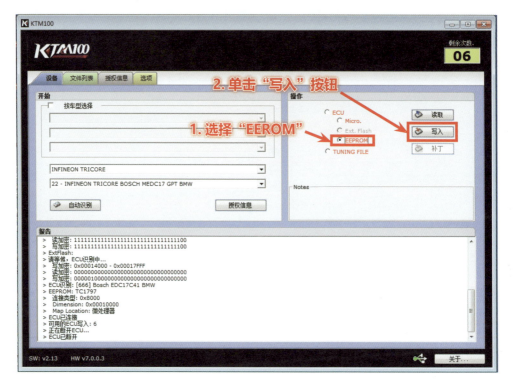

6）开始查找保存的原车电脑 EEPROM 数据，文件类型选择"任何文件"，否则无法显示保存的原车电脑数据。

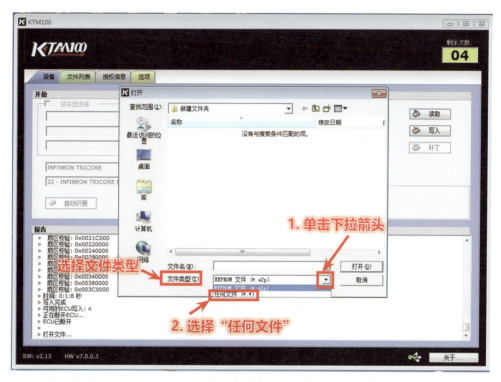

7）选择 EEPROM 文件，单击"打开"按钮。

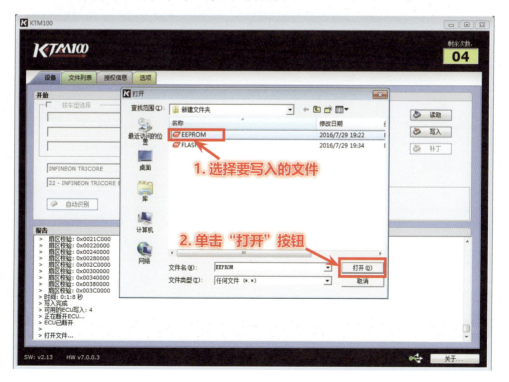

8）显示写入 EEPROM 进度条，写完后自动回到首页。

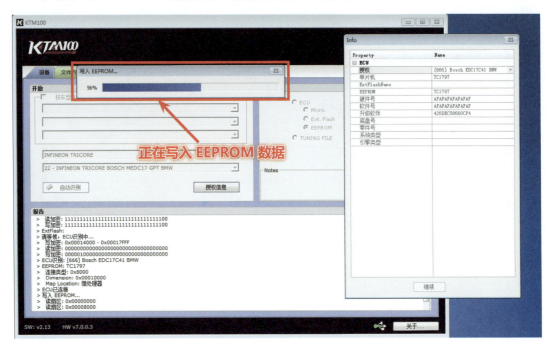

9）然后再选择"FLASH"，单击"写入"按钮。

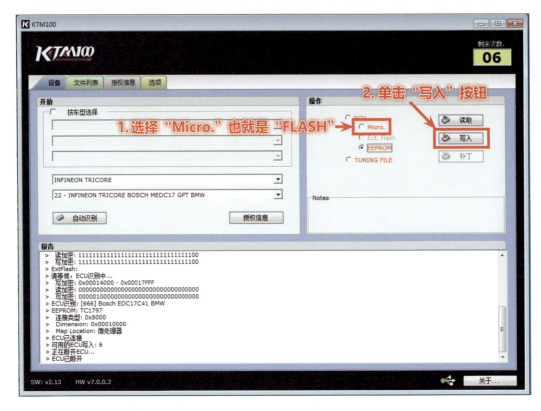

二　宝马N20发动机电脑更换步骤

10）文件类型选择"任何文件"，选择"FLASH"文件，单击"打开"按钮。

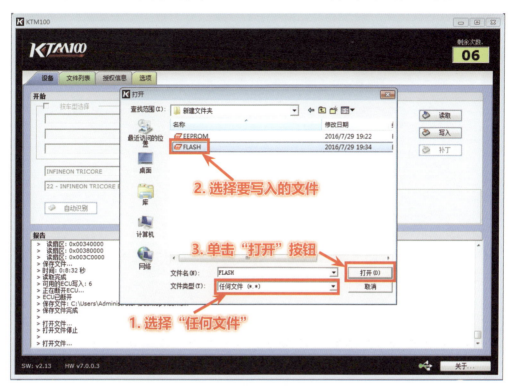

11）提示"ECU识别错误"，单击"确定"按钮。

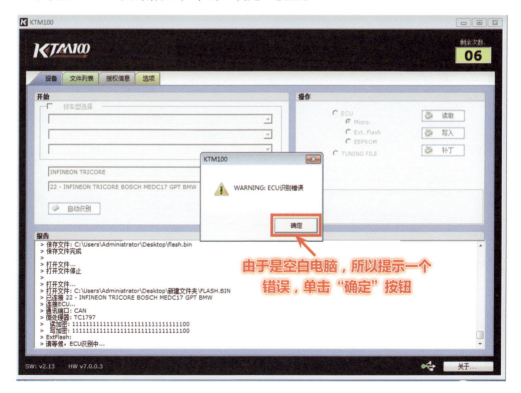

25

12）提示选择通信协议，单击"确定"按钮。

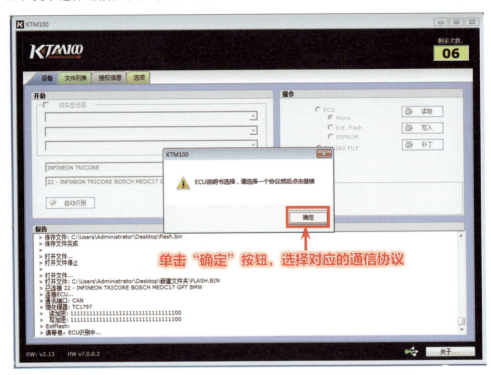

13）单击红框处向下箭头，选中与绿框相同的协议，也可以任选一种宝马协议，单击"继续"按钮。

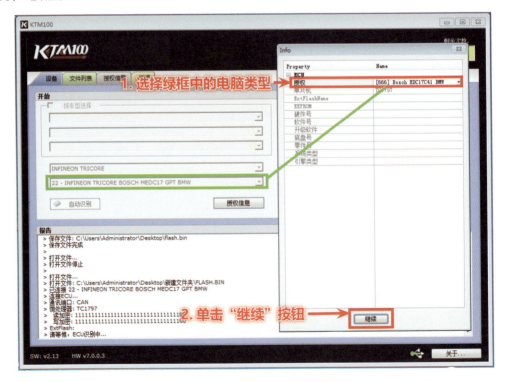

14）提示设备可使用次数，单击"确定"按钮。

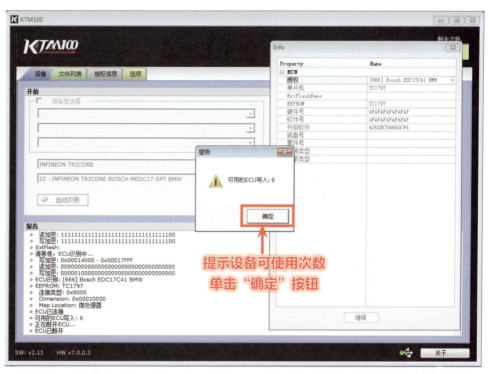

15）由于电脑 FLASH 是空白的，检测到要写入的 FLASH 数据和电脑内部存在的 FLASH 数据差别比较大，所以会有这种提示，直接单击"是"按钮。

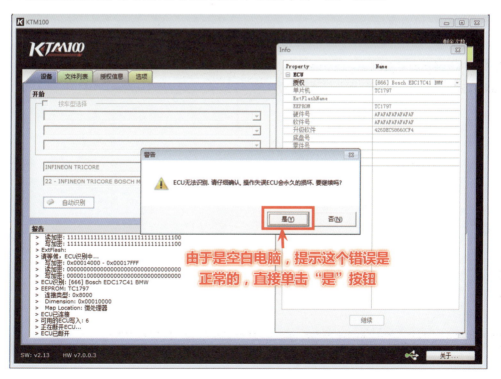

16）数据不用做校验和，直接单击"是"按钮。

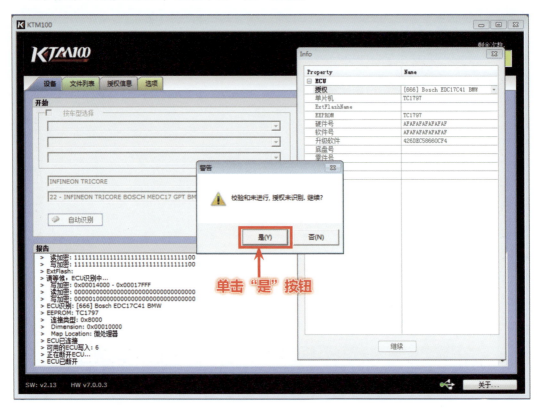

17）显示写入单片机进度条，写完后自动回到首页，电脑更换步骤完成，用防水防热胶带粘住圆孔，可以直接装车起动。

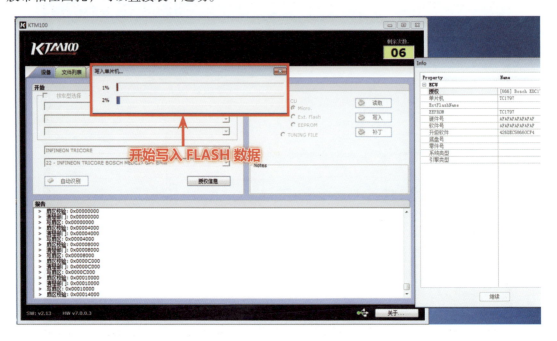

4. 更换电脑注意事项

如果更换的是全新空白电脑，出现以下故障码是正常的，不会影响使用。

三 宝马 N20、N55 气门升程电动机不工作维修方法

1. N20 发动机电脑易损部件

2. N55（小板）发动机电脑易损部件

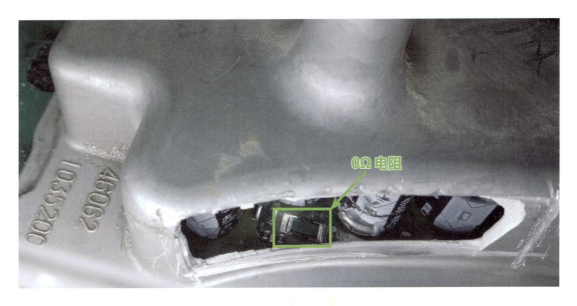

小板开孔方法：

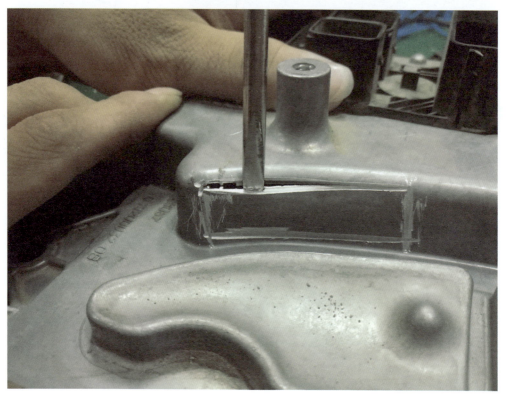

3. N55（大板）发动机电脑易损部件

4. 检测方式

红框内 3 个 90N04 两脚位电阻必须相同，蓝框内 3 个 90N04 两脚位电阻必须相同（万用表置于二极管档位测量）。

5. 故障判断方法

1）如果 90N04 电阻不同，一般是 TLE7183F 损坏。注意：测量时一定要保证芯片处于正常温度。

2）如果 90N04 电阻相同，更换 0Ω 电阻。

3）如果 90N04 电阻相同，0Ω 电阻已更换，开关钥匙电动机还是不转，一般是 CPU 内 FLASH 数据损坏，找个类似车型 FLASH 数据写入即可。

4）如果开关钥匙，电动机可以转动，但是报"调整超出极限位置"类似故障码，气门升程电动机和发动机内偏心轴没有机械问题，一般先给发动机电脑编程，然后重新学习一下，就能消除故障。

5）90N04 为场效应管，不易损坏。如果测量，一定要从电路板上拆下来，可以用万用表测量其好坏。

6）0Ω 电阻为限流电阻，一般无法测量好坏，可以直接更换。

四 奔驰272、273 发动机电脑维修

适用于奔驰 C、E、S、GL、ML、R 级车型。

1. 故障现象

1）起动机不工作、风扇工作不正常、发动机缺缸失火。
2）发动机有时无法诊断，故障灯不亮。

2. 故障原因

电脑装在发动机上部，因为发动机温度高和经常振动，所以造成芯片脱焊。

3. 维修方法

加焊芯片：
第一种故障现象要加焊的芯片（6244 和 30620 芯片可以通用）。

第二种故障现象要加焊的芯片。

电源芯片

第二部分

变速器电脑

一　宝马 7 系 F02 变速器电脑维修

适用于 2009 年后宝马 7 系 F02 六档变速器。

1. 电脑出现故障后产生的故障码

1）宝马专用检测仪读出的故障码如下图所示。

2）通用型检测仪读出的故障码如下图所示。

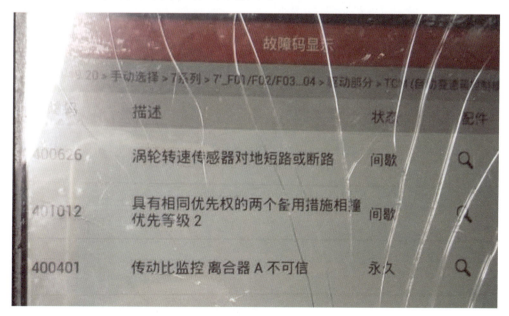

2. 发生故障的部件位置

涡轮转速传感器

3. 需要修复的位置

需要修复的位置

4. 修复步骤

1）找出脱落的焊点。

2）清理干净每个脱落的焊点，然后重新焊接。

清理干净脱落的焊点

3）重新焊接，修复成功。

修复成功

5. 修复后的检测方法

1）按照电路图给变速器电脑供电。

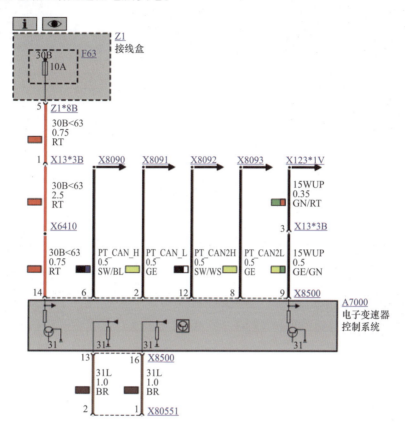

插头上的线脚布置 X8532

线脚 Pin	类型	名称/信号类型	插座/测量说明
1	—	未被占用	
2	E/A	PT-CAN 总线信号	总线连接
3	—	未被占用	
4	—	未被占用	
5	—	未被占用	
6	E/A	PT-CAN 总线信号	总线连接
7	—	未被占用	
8	E/A	PT-CAN 总线信号	总线连接
9	E	唤醒信号 总线端 KI.15	插接器唤醒信号 总线端 KI.15
10	—	未被占用	
11	—	未被占用	
12	E/A	PT-CAN 总线信号	总线连接
13	M	接地	接地插接器
14	E	电源 总线端 KI.30B	接线盒
15	—	未被占用	
16	M	接地	接地插接器

2）变速器电脑插头如下图所示。

3）用万用表测量每个点的电压是否正常。

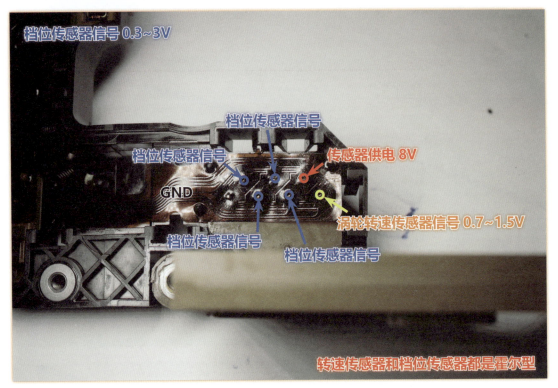

4）用吸力棒在涡轮转速传感器上来回滑动，涡轮转速传感器信号就会有0.7V或1.5V的电压来回变化。

二、奔驰 722.9 变速器电脑维修

奔驰 722.9 变速器电脑适用于奔驰 7 档自动变速器。

1. 电脑出现故障后产生的故障码

1）奔驰专用检测仪读出的故障码如下图所示。

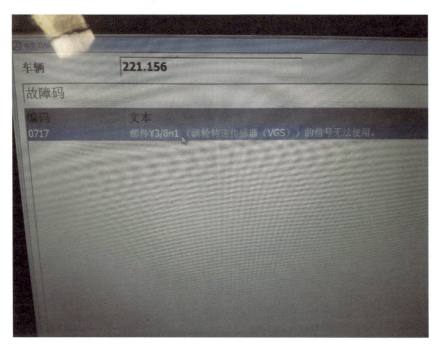

2）通用型检测仪读出的故障码如下图所示。

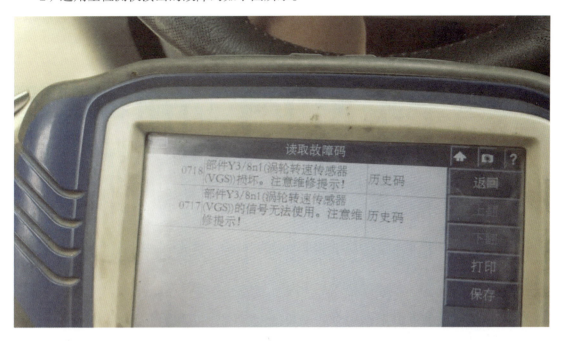

2. 发生故障的部件位置

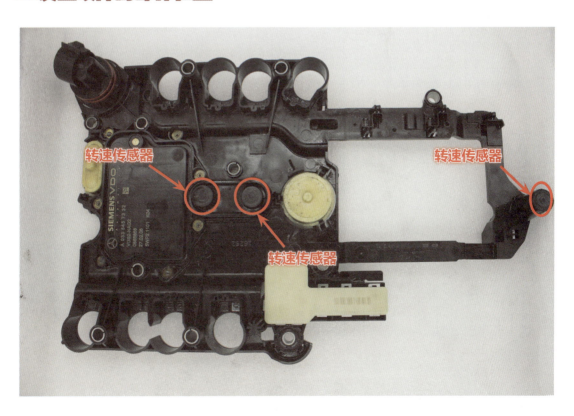

3. 需要修复的位置

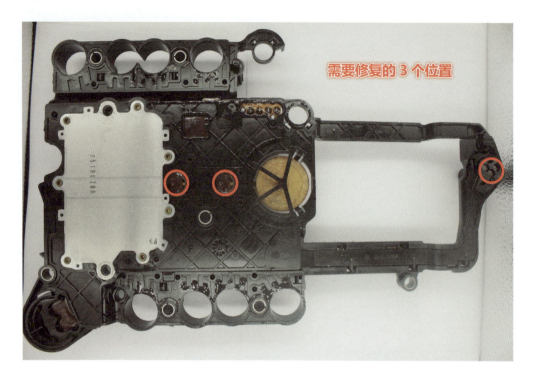

需要修复的 3 个位置

4. 修复步骤

1）清理每个焊点并找出脱落的焊点。

传感器焊点脱落

2）清理干净焊点，然后重新焊接。

3）重新焊接，修复成功。

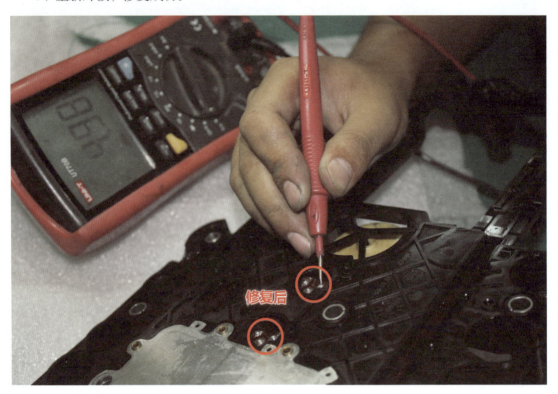

5. 修复后的检测方法

1）按照电路图给变速器电脑供电。

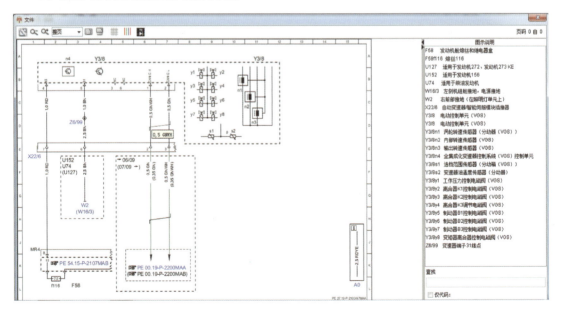

2）变速器电脑插头如下图所示。

3）用万用表测量每个传感器，检查每个点的电压是否正常。

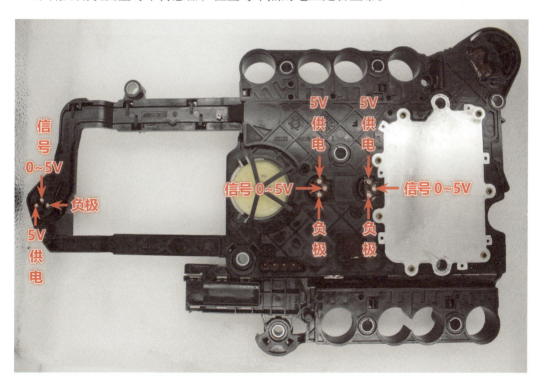

4）用万用表测量传感器信号电压，用吸力棒对准传感器，电压是 4.99V。

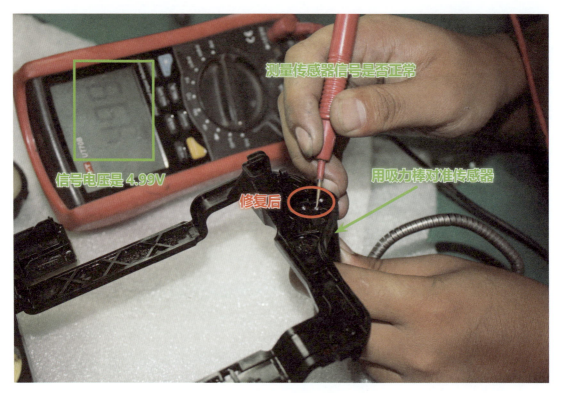

5）移开吸力棒，电压变为 90.3mV，说明传感器工作正常。

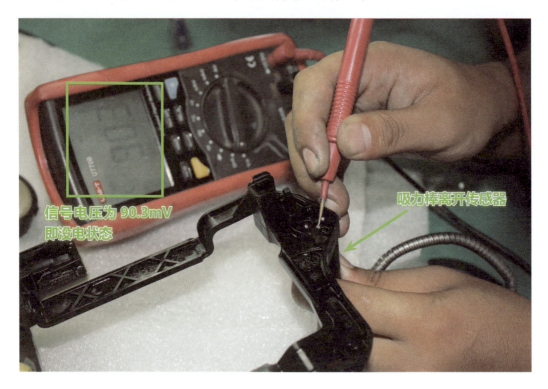

三　奔驰 722.8 变速器电脑维修

奔驰 722.8 变速器电脑适用于奔驰 A 级和 B 级轿车。

1. 电脑出现故障后产生的故障码

1）奔驰专用检测仪读出的故障码如下图所示。

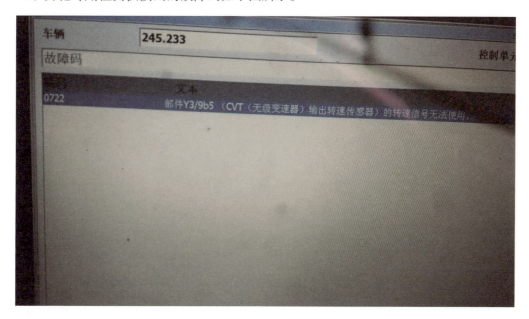

2）通用型检测仪读出的故障码如下图所示。

故障码	描述	状态	配件
0793	无来自元件Y3/9b4[CVT(无级变速器)二级转速传感器]的转速信号	存储	🔍
0722	无来自元件Y3/9b5[CVT(无级变速器)输出转速传感器]的转速信号	存储	🔍
0794	规定时间内的速度变化率超过最大值	存储	🔍
0720	转速梯度nPrimGrd > nPrimGrdMax	存储	🔍
0896	无级变速器减速率调整不允许	存储	🔍

2. 发生故障的部件位置

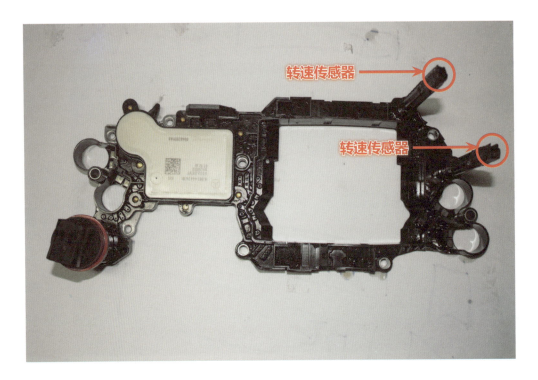

3. 电脑开壳步骤

4. 需要修复的位置

其中两条线轻轻一碰就断开了

5. 修复步骤

1)清理导线表面的脏污。

清理导线表面的脏污

2)清理焊点表面。

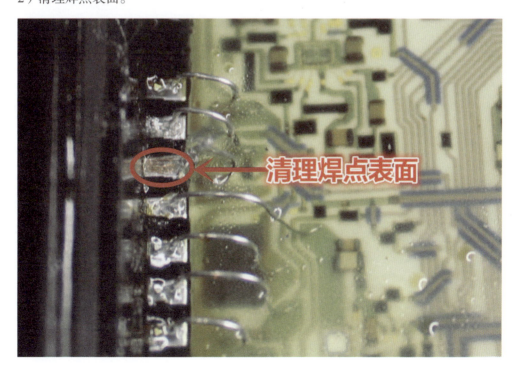

清理焊点表面

3）全部清理干净后，用专用焊锡焊接，修复完毕。

6. 修复后的检测方法

1）按照电路图给变速器电脑供电。

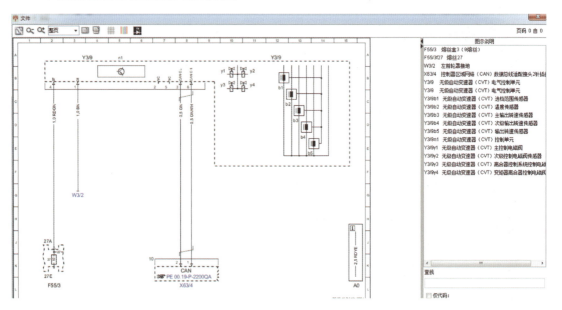

2)变速器电脑插头针脚编号如下图所示。

3)变速器电脑插头如下图所示。

4）用万用表测量每条线电压是否正常，传感器信号线电压测量方法与722.9相同，用吸力棒在传感器处来回滑动。

第三部分

仪　　表

一　宝马仪表每次打开点火开关总里程增加 5km

1. 故障现象

车辆每次打开点火开关，总里程增加 5km。

2. 相关故障码

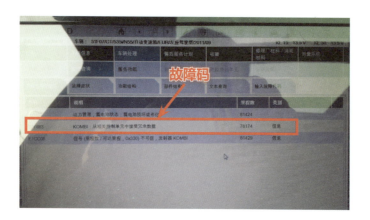

3. 故障原因

CAS4、CAS4+ 车型在调表、配钥匙或用设备做保养复位时，造成仪表数据与 CAS 数据不同步。

4. 解决方案

用调表设备把 CAS 数据调成 0km，仪表数据调成想要的里程数，装车后故障排除。

二　宝马 F 底盘车型仪表显示红点

1. 故障现象

仪表显示红点。

2. 相关故障码

3. 故障原因

一般是因为调表或维修仪表时更换了 160D 八脚芯片，换完后 160D 八脚芯片的 ID 号和 CPU 内部 ID 号不统一，仪表就会显示红点。

4. 新款仪表解决方案

1）两个插头的仪表为新款。

2）更换此线路板，把里程数调为 0km，然后装车给仪表设码，故障排除。

5. 老款仪表解决方案

1) 一个插头的仪表为老款仪表。

2) 更换此线路板, 把里程数调为 0km, 然后装车给仪表设码, 故障排除。

6. 修复完成

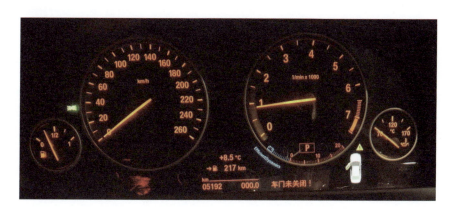

三　奔驰更换二手仪表方法

1. 解析

奔驰 W204、W212、W207、W221、W220、W211 等车型，更换二手仪表必须把原车仪表 SSID 写进去，否则仪表里程数不显示。如果没有原车仪表，可以从钥匙中获取 SSID。

2. 仪表存储器为 95128 的更换方法

组合仪表 EEPROM 存储器是 95128 芯片，SSID 位置在 40 行 0、1、2、3 字节，把这 4 个字节直接写入，更换的二手仪表同样位置即可。

```
000000: 97FB 2FF7 5FEE BFDC 7FB9 FF72 FEE5 7DCC    ../._....r..}.
000010: FB98 F731 EE63 DCC7 B98F 731F E63E CC7D    ...1.c....s..>.}
000020: 97FB 2FF7 5FEE BFDC 7FB9 FF72 FEE5 7DCC    ../._....r..}.
000030: FB98 F731 EE63 DCC7 B98F 731F E63E CC7D    ...1.c....s..>.}
000040: 60D7 D11A FFFF FFFF 9CFE 0200 F74A 0C00    ............J..
000050: 0000 024F 5B04 FFFF FFFF FFFF FFFF FFFF    ...O[...........
000060: FFFF FFFF FFFF FFFF FFFF FFFF FFFF FFFF    ................
000070: FFFF FFFF FFFF FFFF FFFF FFFF FFFF FFFF    ................
000080: 0019 1871 8018 8088 2440 EB08 1300 3685    ...q....$@....6.
000090: 2940 0001 005A C697 9DC2 7EA1 4110 FFFF    )@...Z....~.A...
0000A0: 002E 6EC1 0200 EC10 032E 6EC1 0200 EC10    ..n.......n.....
0000B0: FFFF FFFF FFFF FFFF 0BFF FFFF FFFF FFFF    ................
0000C0: 3100 1C08 430D 0401 8C00 FFFF FFFF FFFF    1...C...........
0000D0: 01F0 0040 20FF FFFF FFFF FFFF FFFF FFFF    ...@ ...........
0000E0: 0000 0000 0000 0000 C003 FFFF FFFF FFFF    ................
0000F0: FF3C FF3C 643C 013C 003C FF3C FFFF FFFF    .<.<d<.<.<.<....
000100: FFFF FFFF FFFF FFFF FFFF FFFF FFFF FFFF    ................
000110: FFFF FFFF FFFF FFFF FFFF FFFF FFFF FFFF    ................
000120: FFFF FFFF FFFF FFFF FFFF FFFF FFFF FFFF    ................
000130: FFFF FFFF FFFF FFFF FFFF FFFF FFFF FFFF    ................
000140: 1400 F401 3F02 6464 0514 6432 8000 8000    ....?.dd..d2....
000150: 0501 0F40 3800 000B 0302 0000 003C 006E    ...@8........<.n
000160: 00A0 00C8 0082 00A6 00FC 0075 01FF 0100    ...........u....
        003C 006E 00A0 00C8 00AD 00FF 003F 0198    .<.n.........?..
```

3. 仪表存储器为 24C16 的更换方法

组合仪表 EEPROM 存储器是 24C16 芯片，SSID 位置在 40 行 0、1、2、3 字节，把这 4 个字节直接写入，更换的二手仪表同样位置即可。

```
000000: F408 E811 D023 A047 408F 811E 023D 047A    ....#.G@....=.z
000010: 08F4 11E8 23D0 47A0 8F40 1E81 7D02 FA04    ....#.G..@..}...
000020: F408 E811 D023 A047 408F 811E 023D 047A    ....#.G@....=.z
000030: 08F4 11E8 23D0 47A0 8F40 1E81 7D02 FA04    ....#.G..@..}...
000040: C8A4 AD01 FFFF FFFF 0000 1DAA 0000 0300    ................
000050: 001D AAFF FFFF FFFF 2200 4008 4808 0008    ........".@.H...
000060: 00FF FFFF FF00 0000 4B32 20D9 7A51 8200    ........K2 .zQ..
000070: 8046 0DA0 E740 40FF 8300 0002 0B08 3400    .F...@@.......4.
000080: 0000 0000 0000 0000 0000 0000 0000 0000    ................
000090: 0000 0000 0000 0000 0000 00FE 2202 00FF    ............"...
0000A0: FFFF FFFF FFFF FFFF FFFF FFFF FFFF FFFF    ................
0000B0: 0014 6400 0038 4028 6432 0140 00C8 0500    ..d..8@(d2.@....
0000C0: 8005 0164 0080 0F01 F402 0DFF FFFF FFFF    ...d............
0000D0: FFFF 8220 2115 4071 4707 3404 1D00 A2C4    ... !.@qG.4.....
0000E0: 00FF 0292 0200 1681 6859 4205 0243 6F00    ........hYB..Co.
0000F0: 0116 1205 0201 027F 7FFF 7FFF 7FFF 7FFF    ................
000100: FFFF FFFF FFFF FFFF 5D59 5D59 FFFF 01FF    ........]Y]Y....
000110: FFFF FFFF FFFF FFFF FFFF FFFF FFFF FFFF    ................
000120: FFFF FFFF FFFF FFFF FFFF FFFF FFFF FFFF    ................
000130: FFFF FFFF FFFF FFFF FFFF FFFF FFFF FFFF    ................
000140: FFFF FFFF FFFF FFFF FFFF FFFF FFFF FFFF    ................
000150: FFFF FFFF FFFF 784B FFFF FFFF FFFF FFFF    ......xK........
000160: FFFF 0000 0122 012C 07D0 1388 1B58 0000    .....".,.....X..
000170: 0000 00D7 04E3 0C08 10CB FFFF FFFF FFFF    ................
```

4. 仪表存储器为 24C04 的更换方法

组合仪表 EEPROM 存储器是 24C04 芯片，SSID 位置在 20 行 9、A、B、C 字节，把这 4 个字节直接写入，更换的二手仪表同样位置即可。

```
000000: 9F13 9F13 9F13 9F13 9E13 9E13 9E13 9E13    ................
000010: 9E13 9E13 9E13 9E13 9E13 9E13 9E13 9E13    ................
000020: 8FF3 3901 8F00 0100 07 3D 0245 98 01 1A33    ..9......=.E..3
000030: 679E C70C 5813 4B00 0140 02F0 2001 0401    g...X.K..@.. ...
000040: 5735 0300 0401 9619 0000 1010 0000 0030    W5.............0
000050: FFFF 327D FA30 140A 01A0 0A22 0540 1547    ..2}.0.....".@.G
000060: 7C9F 0232 EA5A F1B7 A327 F867 84E1 FBFF    |..2.Z...'.g....
000070: E901 FFFF FFFF FFFF FFFF FFFF FFFF FFFF    ................
000080: 3101 3C00 2400 0074 3A00 9A01 0078 0500    1.<.$..t:....x..
000090: 0100 00FF 0000 0000 0000 0000 0000 0000    ................
0000A0: 0000 0000 0000 0000 0000 0000 0000 0000    ................
0000B0: 0000 000B 2303 4CFD FF3E FC64 0100 B801    ....#.L..>.d....
0000C0: 7618 001E 0064 0000 1702 9215 00C9 FF64    v....d.........d
0000D0: 0301 6202 581D 003D 0064 0000 8602 382C    ..b.X..=.d....8,
0000E0: 0060 0064 0001 2514 6950 715A 8378 644B    .`.d..%.iPqZ.xdK
0000F0: 7D39 8C32 C819 0907 1304 2100 6400 0D00    }9.2......!.d...
000100: 101F 1F58 3758 3F84 468D 5AA0 016E 0B28    ...X7X?.F.Z..n.(
000110: 1700 191D 6422 9623 E63C 6464 6464 6464    ....d".#.<dddddd
000120: 061E 490F 0A0A 141E 2E04 164B 6931 0062    ..I........Ki1.b
000130: 6A3A 28B3 8C36 083C 1964 5E28 006E 281E    j:(..6.<.d^(.n(.
```

5. 旧仪表无法读取数据时的更换方法

1）从钥匙中获取，要把 SSID 的第二位数加 1 再减去钥匙位置号，才是要填入仪表的正确 SSID。第二位数加 1 再减去钥匙位置号，就是第一把钥匙的 SSID。

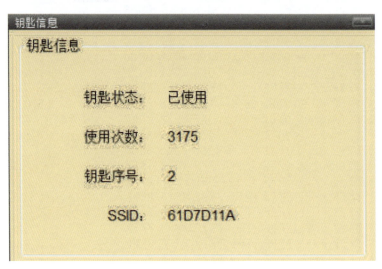

如上图所示，SSID 第二位数是 1，钥匙序号是 2，也就是 1+1-2=0，

填入仪表的 SSID 就是 61 D7 D1 1A。

2）如果是 W221、W220、W211 车型，从钥匙中获取的 SSID 要倒位写入仪表中，例如 SSID 是 98 45 02 3D，写入仪表后如下图所示。

```
000000: 9F13 9F13 9F13 9F13 9E13 9E13 9E13 9E13   ................
000010: 9E13 9E13 9E13 9E13 9E13 9E13 9E13 9E13   ................
000020: 8FF3 3901 8F00 0100 073D 0245 9801 1A33   ..9......=.E...3
000030: 679E C70C 5813 4B00 0140 02F0 2001 0401   g...X.K..@......
000040: 5735 0300 0401 9619 0000 1010 0000 0030   W5.............0
000050: FFFF 327D FA30 140A 01A0 0A22 0540 1547   ..2}.0.....".@.G
000060: 7C9F 0232 EA5A F1B7 A327 F867 84E1 FBFF   |..2.Z...'.g....
```

第四部分

防盗系统

一、宝马 F18 更换 CAS4 电脑编程后无法起动

1. 故障现象

更换全新 CAS 编程设码后，可以正常打开点火开关，但是无法起动，也没有故障码。

2. 解决方案

用 ISID 原厂诊断仪复位起动机。

3. 维修步骤

1）用 ISID 诊断完成后，选择"车辆处理"，再选择"服务功能"，然后单击"01 起动机"。

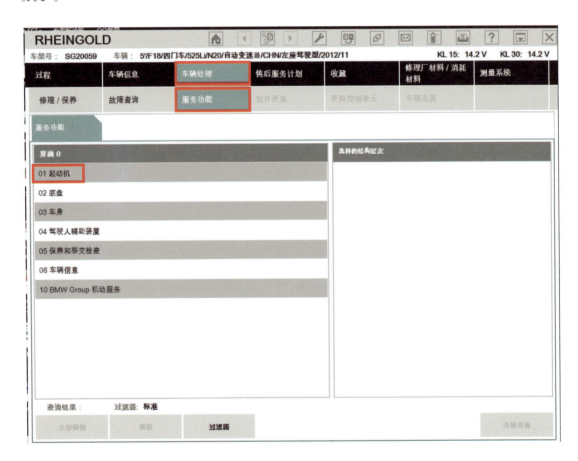

2）选择"发动机起动"。

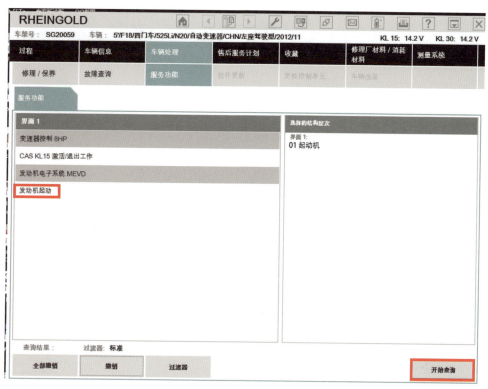

3）选择"复位起动机锁止"。

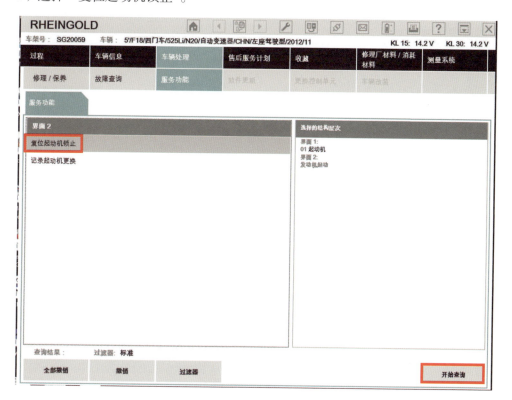

4)选择"ABL 复位起动机锁止"。

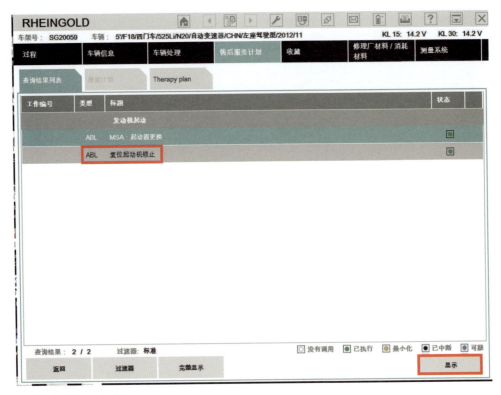

5)单击"是"按钮。

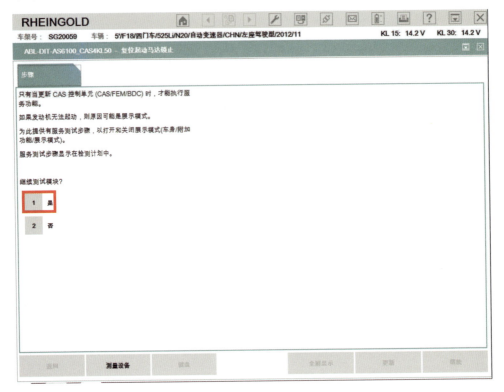

6)复位成功,退出服务功能。

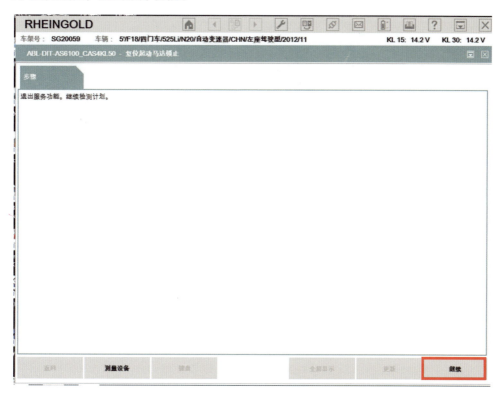

二 奔驰 W164 锁头维修

白色字的锁头用于 W251 底盘的 R 级车型和 W164 底盘的 ML/GL 车型。

1. 故障现象

出现故障时，用钥匙打开点火开关后，仪表没有任何显示，给锁头套上识别线圈，插入钥匙，识别线圈上的灯不亮。

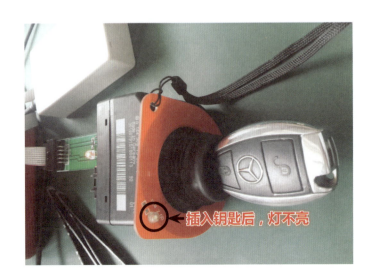

2. 部件故障位置

3. 维修方法

用烙铁焊接好脱焊的插头。

4. 修复后的测试方法

再次给锁头套上识别线圈,插入钥匙,识别线圈上的灯点亮,维修成功。

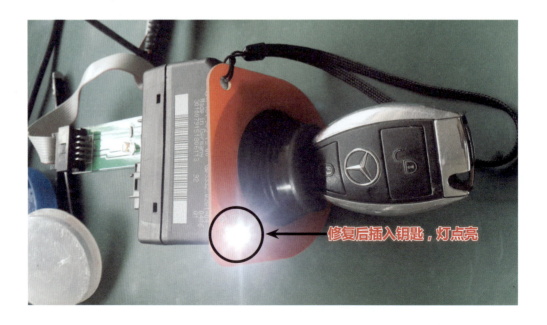

三　奔驰 W204、W212 ELV 损坏后的维修方法

1. 如何判断 ELV 损坏

1）把感应线圈放在 EIS 上，插入钥匙，观察 ELV 是否解锁、感应线圈上的灯是否常亮。

2）如果感应线圈灯常亮，说明钥匙和 EIS 都是好的，ELV 不解锁，证明 ELV 损坏。

3）如果感应线圈灯不亮或亮一下就熄灭，说明钥匙 EIS 可能损坏，ELV 有可能是好的，修好 EIS 和钥匙后再检测 ELV。

2. 如何判断 ELV 是电动机损坏还是数据锁死

1）插拔钥匙，如果听到有继电器响声，说明电动机损坏，如果没有继电器响声，说明 CPU 数据锁死。

继电器

2）用 MB 检查 ELV（ESL 相同）损坏，如果显示"已损坏"，说明数据锁死。

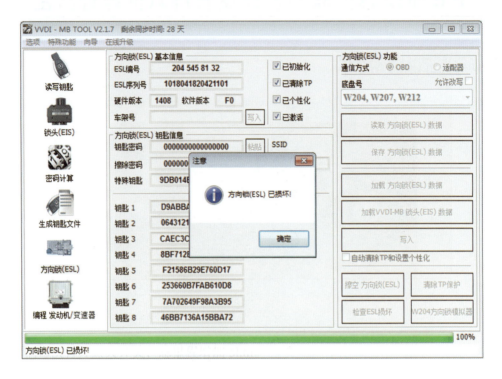

如果显示"正常"，更换电动机即可。

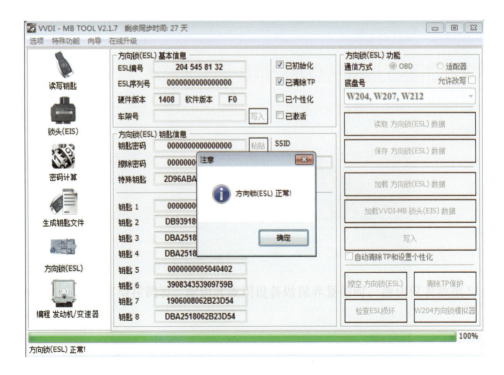

3. 更换电动机拆装步骤

1）如果 ELV 处于锁止位置，首先取下可以看到的 2 个销子（ELV 上共有 4 个销子）。

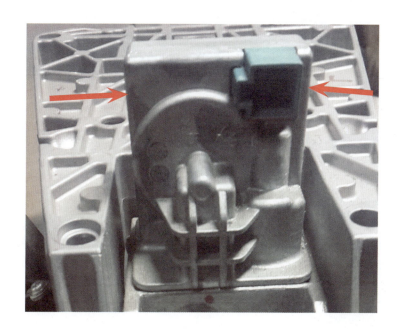

2）把专用取销工具砸入销子内，看销子内圈旋转痕迹，同方向旋转，即可取出销子。

3）然后拆下 ELV 固定螺钉，用一字旋具撬开 ELV 外壳，拨动电动机齿轮，让 ELV 处于解锁状态。

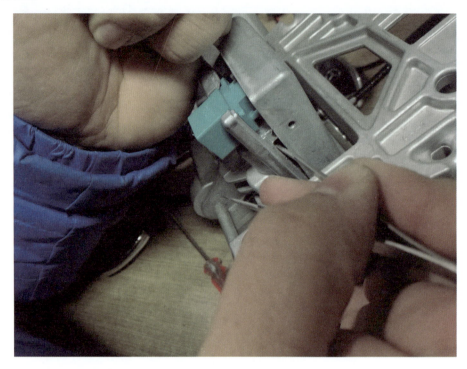

4）只有 ELV 处于解锁状态，ELV 上面的固定螺钉才可以按下去，把 ELV 从转向管柱上取下。

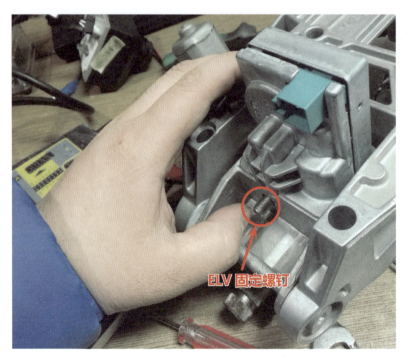

ELV 固定螺钉

三　奔驰W204、W212 ELV损坏后的维修方法

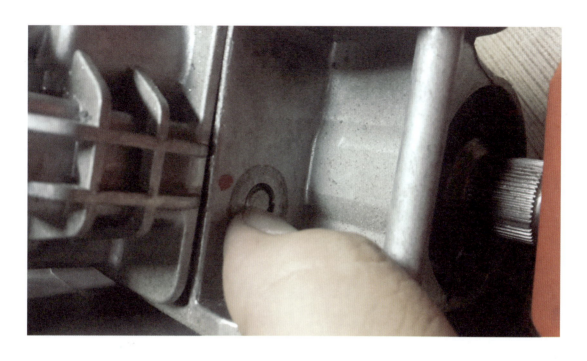

5）从转向柱管上取下 ELV 后，取出剩余的 2 个销子，把 ELV 外壳分离，拿掉线路板，取下坏的电动机，把 ELV 内部正时点对好，装入新的电动机，把 ELV 线路板和外壳装好。

4. CPU 数据解锁方法

1)焊下 CPU。

2)把 CPU 清理干净,放入 ELV 擦除器的适配器中,然后把 ELV 擦除器和电脑用 USB 线连接。

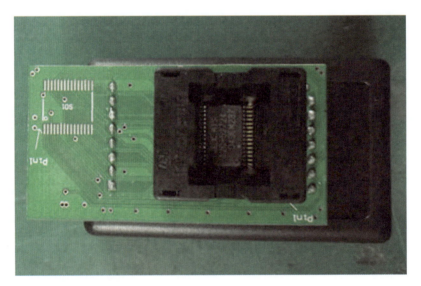

3)双击打开"ESL_Doctor"。

三 奔驰W204、W212 ELV损坏后的维修方法

4）单击"Read ESL"按钮。

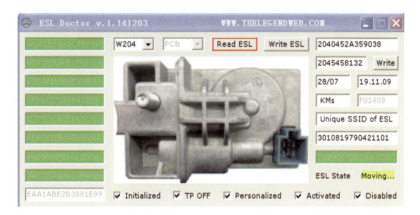

5）拍照记录下红框内的数据。

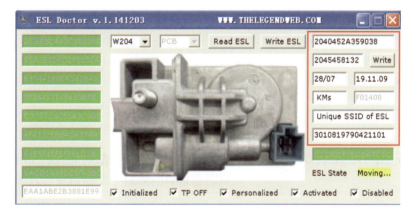

6）单击红框内的照片。

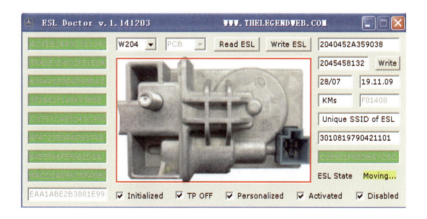

7)进入该页面。

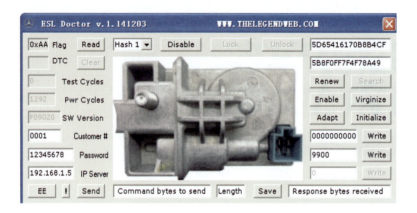

8)单击"Initialize"按钮（红框处）。

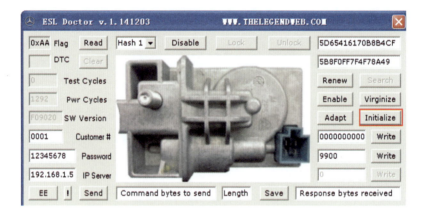

9)正在刷新中（计数）。

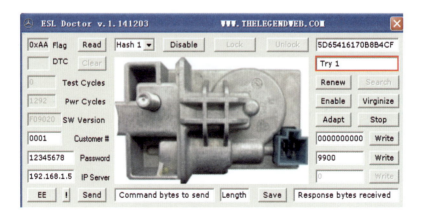

三 奔驰W204、W212 ELV损坏后的维修方法

10）刷新完成后，红框内显示"Done."。

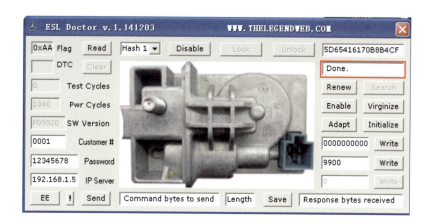

11）关闭该页面。

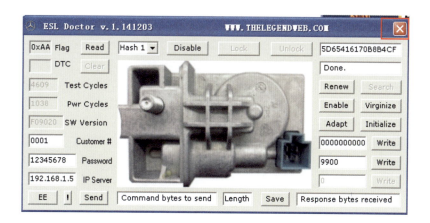

12）单击"Write ESL"按钮（写入一个新数据）。

85

13）选择一个新数据，单击"打开"按钮。

14）写入数据中（Transportschutz）。

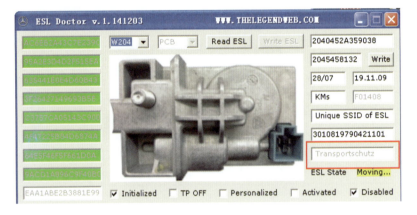

15）写入完成后显示"Done."。

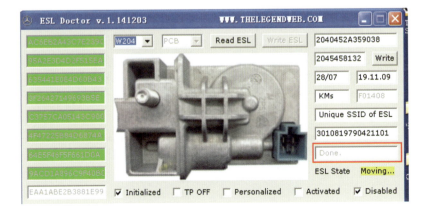

三 奔驰W204、W212 ELV损坏后的维修方法

16）单击"Read ESL"按钮。

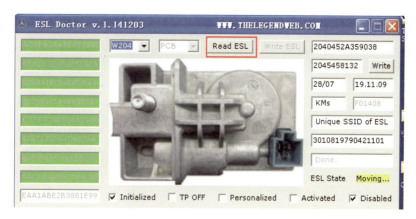

17）检查红框内数据，是否是刷新后的全新数据，如果8个钥匙位数据出现不一样的情况，说明数据没有写成功，需要重新擦除然后写入。

18）数据没有写全的状态。

87

19）数据写入成功后，再次单击红框内的图片。

20）单击"Enable"按钮。

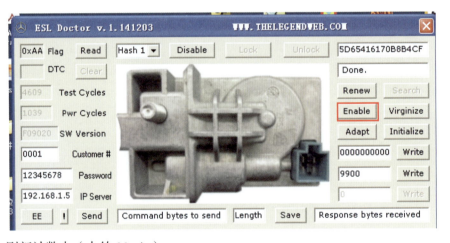

21）刷新计数中（大约 30min）。

三 奔驰W204、W212 ELV损坏后的维修方法

22）刷新完成。

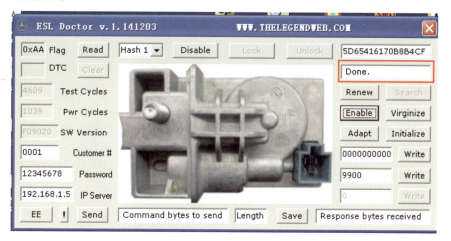

23）关闭软件。

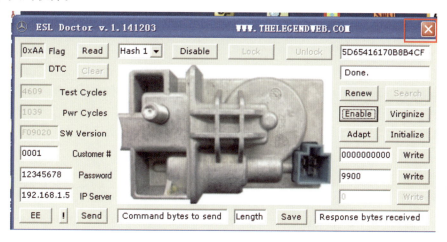

24）把拍照记录的数据填入绿框内，红框内保持空白，然后单击"Write"按钮。

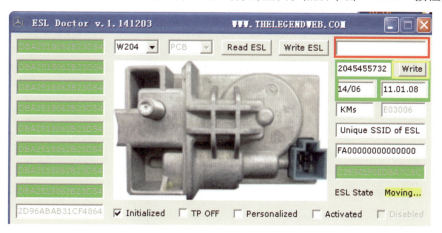

25）刷新完成后的 ELV 状态。

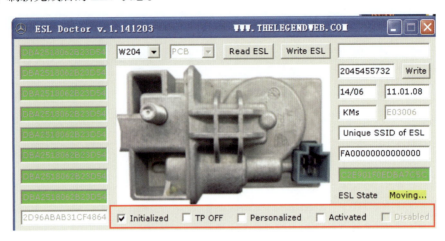

26）把设备与电脑之间的连接断开，然后取下芯片，焊回到 ELV 线路板，解锁过程全部完成，把 ELV 按标准装好，（一般 ELV 数据锁死都是因为电动机损坏造成，所以要换上新的 ELV 电动机，电动机正常工作电压是 5V，电流不超过 300mA）安装完毕后，这时候 ELV 相当于是全新的。

5. 匹配 ELV 步骤

1）首先单击"密码计算"按钮，按提示采集出钥匙密码，然后单击"拷贝"按钮。

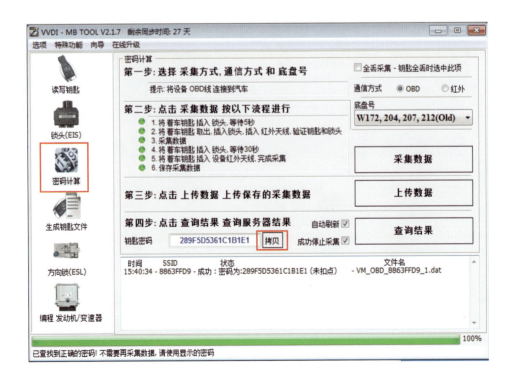

2）选择"锁头（EIS）"，读取锁头（EIS）数据，粘贴密码，然后保存锁头（EIS）数据。

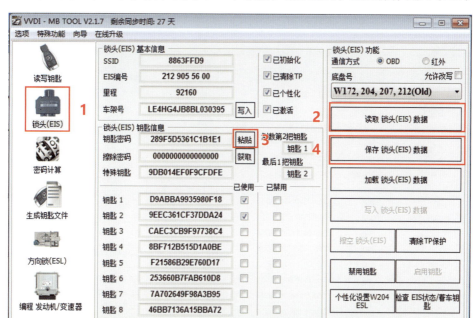

3）保存带密码的 EIS 数据。

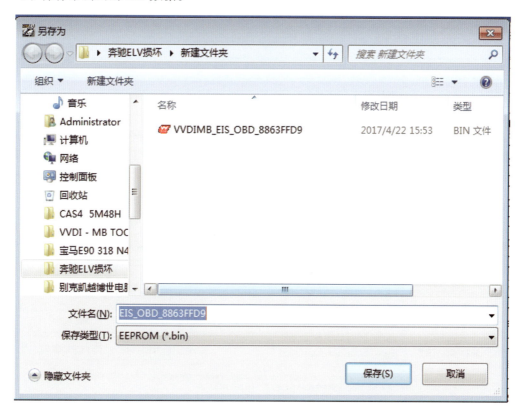

4）选择"方向锁（ESL）"，然后读取方向锁（ESL）数据，绿框内表示 ELV 全新状态。

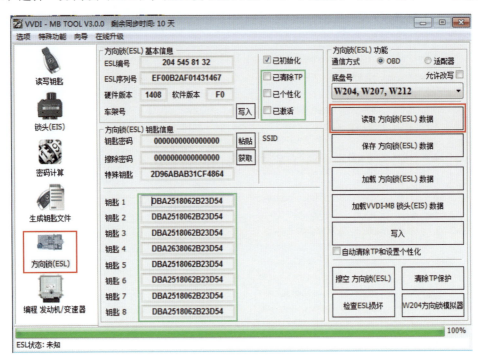

5）加载带密码的 EIS 数据，"自动清除 TP 和设置个性化"前打钩，然后单击"写入"按钮。

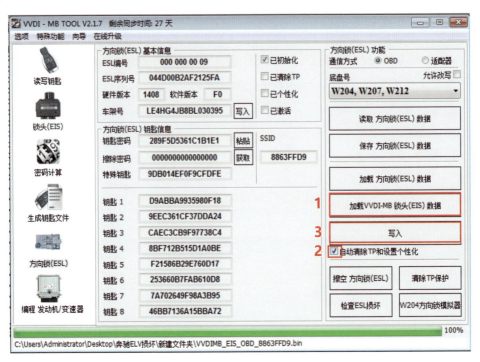

6）ESL 数据写入成功。

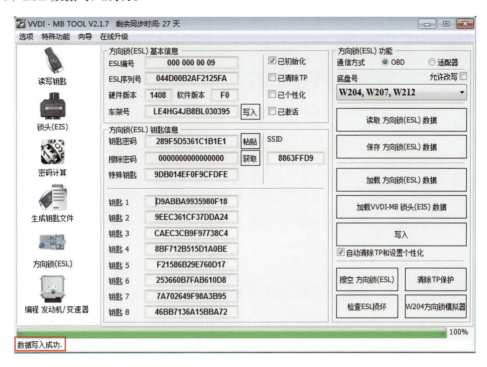

7）再次读取方向锁（ESL）数据，绿框内 ESL 状态表示写入成功。

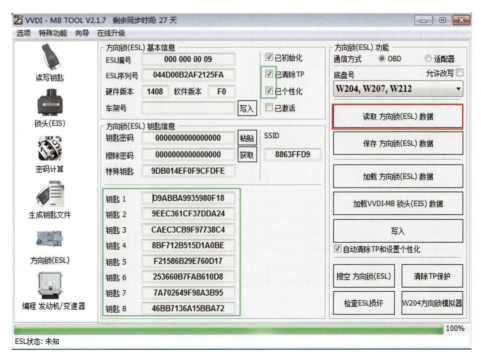

8）连接测试平台，插入钥匙，ELV 锁舌缩回，表示 ELV 可以正常工作。

9）再次读取方向锁（ESL）数据，ESL 状态变为"已激活"。

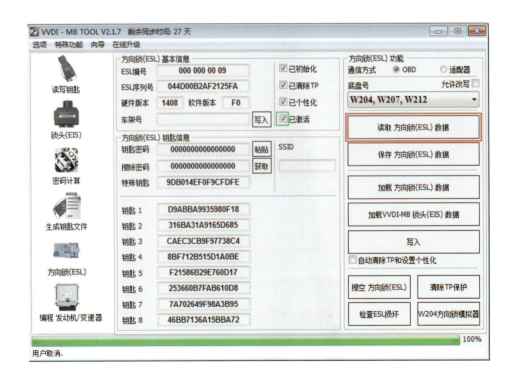

10）检查 EIS 状态 / 着车钥匙全部正常。

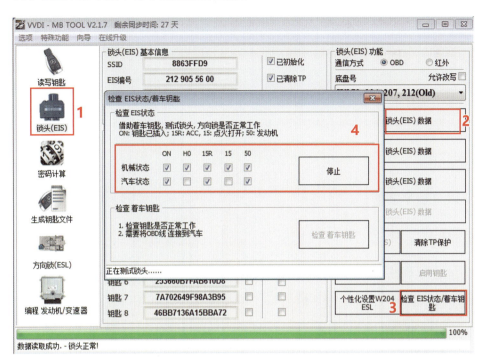

四　奔驰 W212、W204 取消 ELV 方法

1. 解析

ELV 电子方向锁适用于 W212、W204、W207 等机械档的车型；电子档杆车型都没有 ELV 电子方向锁。

2. 取消原因

一般是因为 ELV 损坏。

3. 取消方法

更换不带 ELV 的 W212 EIS 锁头。

4. 故障现象

ELV 损坏后，通过 MB 等设备检查 EIS 状态，插入钥匙转动，汽车状态全部没有反应。

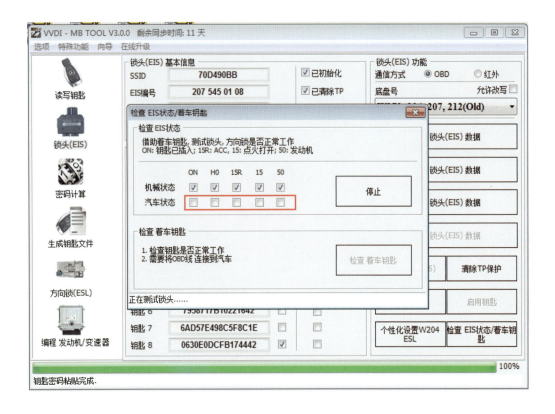

5. 获取钥匙密码方法

更换 EIS 首先要获取钥匙密码，获取方法可以选择密码计算，如果配过副厂钥匙可以直接从钥匙里读取。

1）从副厂钥匙里获取。

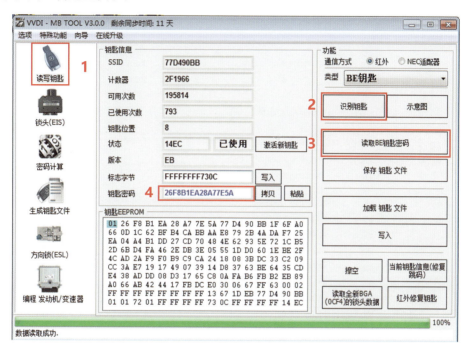

2）选择"密码计算"（按提示步骤操作）。

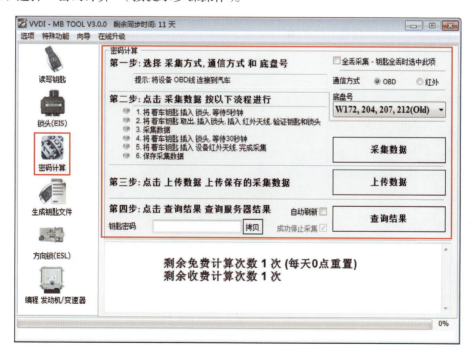

6. 取消 ELV 的详细步骤

1）选择"锁头（EIS）"，读取原车锁头（EIS）数据，粘贴获取到的密码，保存锁头（EIS）数据，然后把保存的数据，写入不带 ELV 的 EIS。

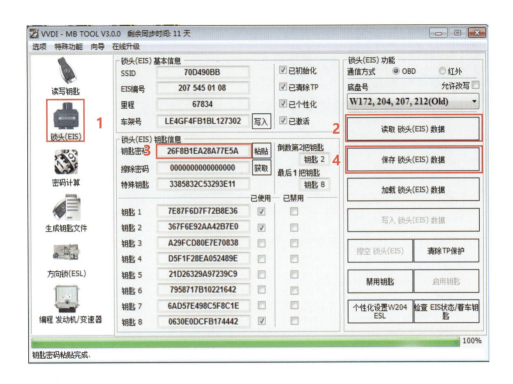

2）写数据前，首先修改 EIS 的硬件，下图所示是带 ELV 的 EIS 和不带 ELV 的 EIS 的区别。

3）EIS 硬件修改方法。

四　奔驰W212、W204取消ELV方法

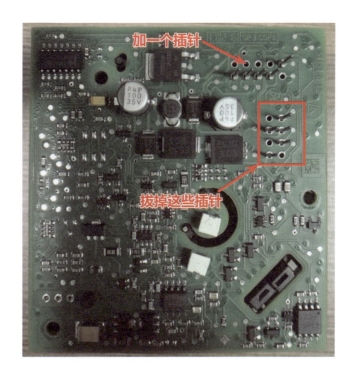

4）修改完毕，把修改的线路板装入 EIS 壳内，可以装到带 ELV 的 EIS 壳内，也可以装入不带 ELV 的 EIS 壳内，在车上只插一个方形插头即可。

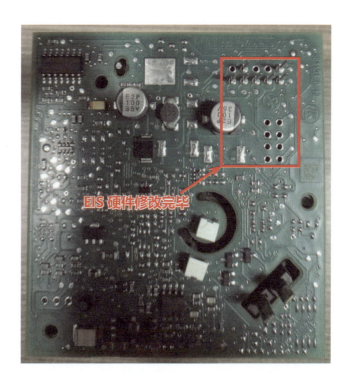

5)选择"锁头(EIS)",单击"读取锁头(EIS)数据"按钮,"已个性化"和"已激活"前面没有打钩,说明是已经擦空的 EIS,可以写入数据。

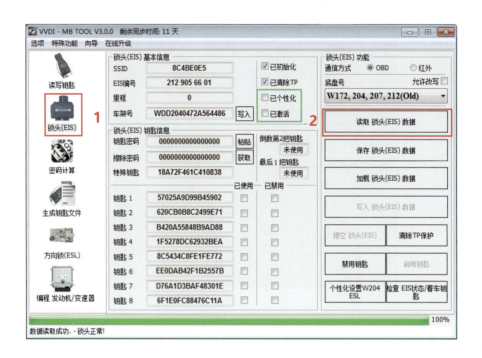

6)单击"加载锁头(EIS)数据"按钮,选择开始保存的带钥匙密码的数据,载入进来,通信方式选择"OBD",选择"允许改写",单击写入车架号。

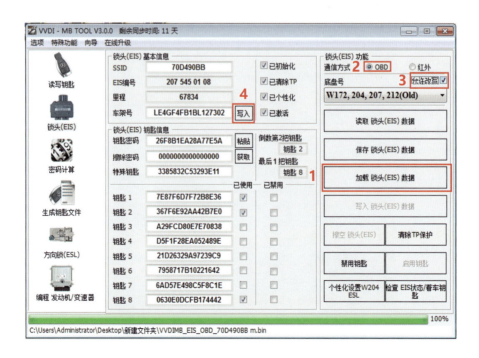

7）检查车架号是否与车辆相同，如果相同，单击"是"按钮。

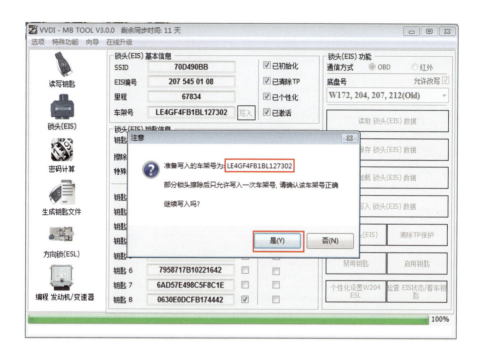

8）车架号写入成功后，通信方式选择"红外"，单击"写入锁头（EIS）数据"按钮。

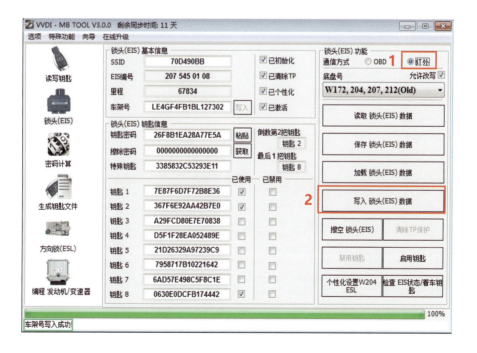

9）车架号已写入，单击"是"按钮。

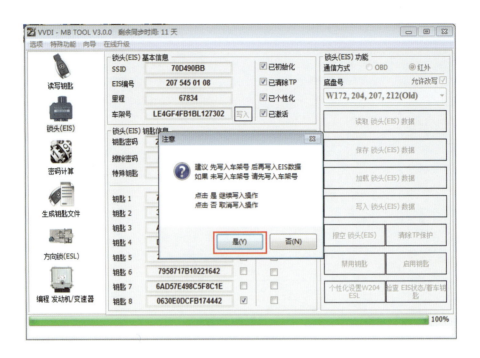

10）数据写入成功。

11）数据写入成功后再次读出，因为没有插入钥匙，所以 EIS 处于未激活状态。

12）插入钥匙 8，EIS 变为已激活状态。

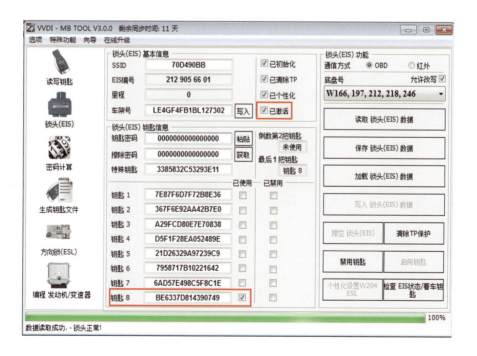

13）检查 EIS 状态，插入钥匙转动，汽车状态正常变化，取消 ELV 完成。

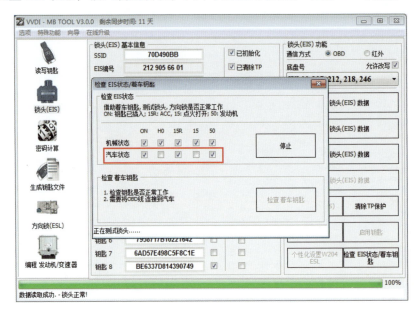

五 奔驰原车 EIS 丢失后匹配方法

1. EIS 数据解析

EIS 正常工作需要的数据是 SSID、车架号、钥匙密码、特殊钥匙数据和 8 个钥匙位数据，擦除密码（只有在擦空锁头时使用）。

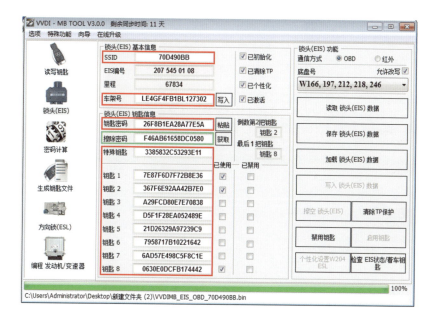

2. 获取 SSID 数据方法

1）通过组合仪表内 95128 芯片获取，位置在 40 行 0、1、2、3 字节，直接填入 EIS 即可。

2）通过钥匙获取 SSID，要把 SSID 的第二位数加 1 再减去钥匙位置号，才是要填入 EIS 的正确 SSID。（第二位数加 1 再减去钥匙位置号，就是第一把钥匙的 SSID）

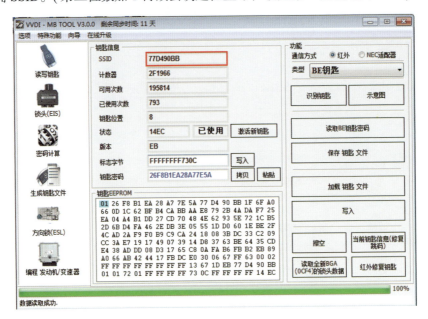

3. 获取车架号

直接输入要匹配车辆的车架号。

4. 获取钥匙密码方法

1）如果配过副厂钥匙，可以直接从钥匙里读取。

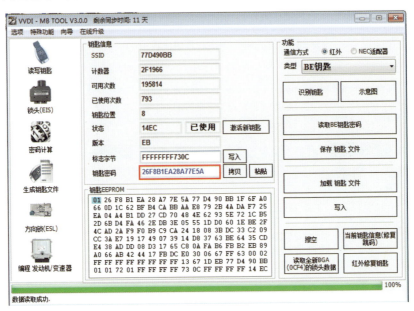

2）如果没有配过副厂钥匙，可以随便设置一个16位数的钥匙密码，设置完新的钥匙密码，以前的钥匙就不可以再使用，只能按这个新的钥匙密码重新配钥匙。

5.8 个钥匙数据和特殊钥匙数据获取方法

1）从发动机电脑里读取。

2）从变速器电脑里读取。

3）从换档电脑模块里读取。

6. 写入正确数据到 EIS 方法

找到所需信息，写入 EIS，如果没有副厂钥匙，需要重新匹配 1 把钥匙，更换 EIS 完成。

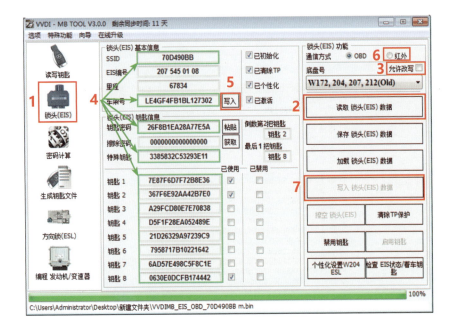

第五部分

其他电脑

一　宝马脚部空间模块 FRM 维修

适用于宝马 3 系 E90 和迷你 R56、X1 E84、X5 E70、X6 E71、Z4 E89 等车型。

1. 故障现象

前照灯常亮、电动门窗不工作、诊断仪无法测试。

2. 故障原因

一般是因为蓄电池电压低，CPU 的 EEPROM 数据丢失。

3. 修复方法

重新擦除 CPU 的 EEPROM 数据，然后写入一个正常数据。

4. CPU 型号

5. 读写数据接线图

6. 维修步骤

1）打开编程器软件。

2）选择电脑和设备通信端口。

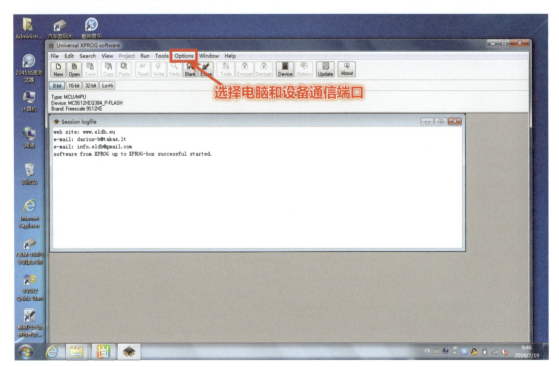

3）选择带 USB 的 COM 端口，单击"OK"按钮。

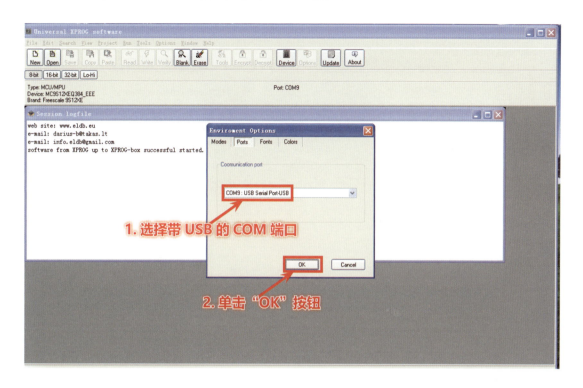

4）查找对应的芯片型号。

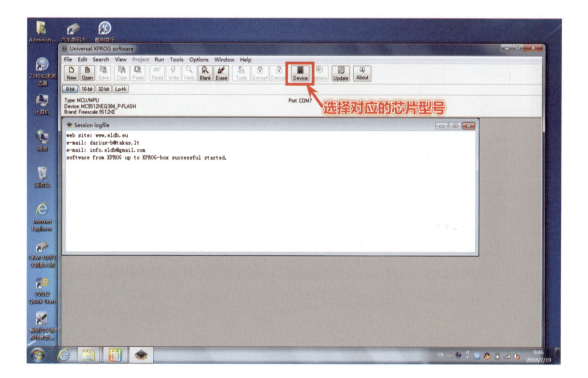

5）选择芯片类型、系列、详细型号及数据区。

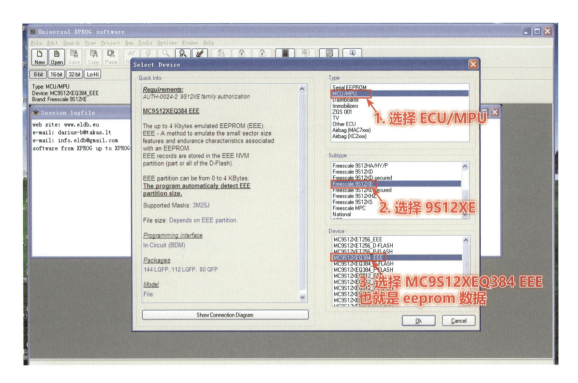

6）单击"New",然后单击"Read"按钮。

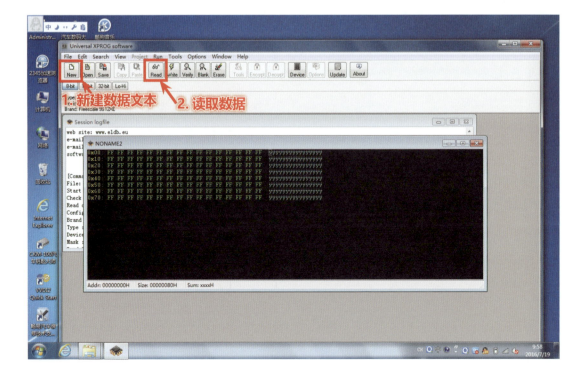

7）正在读取数据。

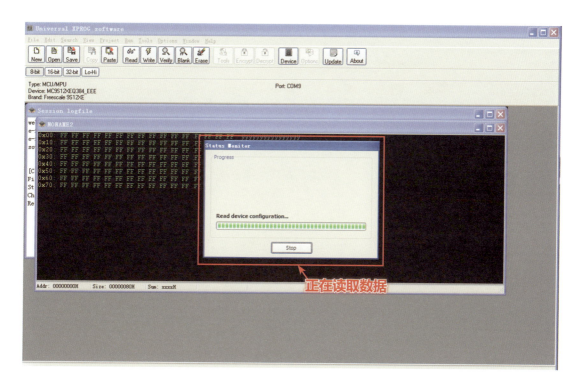

8）读取完毕，读出的数据全部是空的。

9)单击"Erase"按钮。

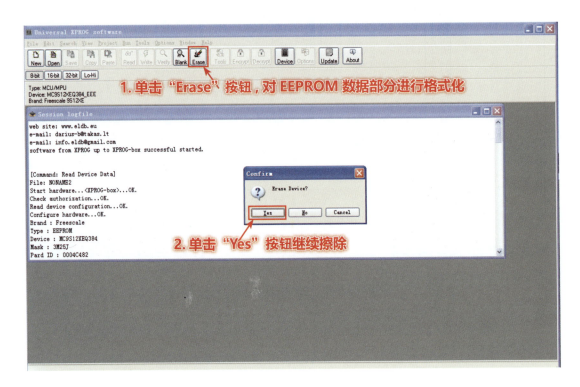

10)显示正在擦除。

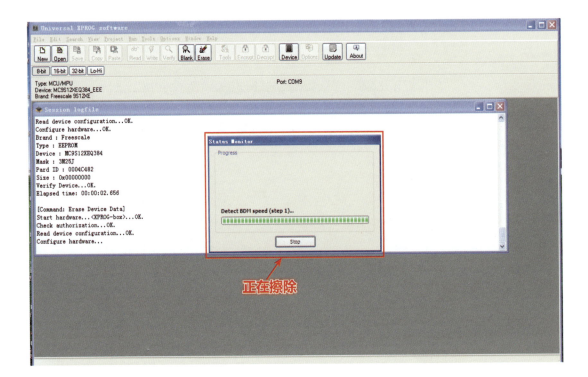

11)输入数据格式,然后单击"OK"按钮。

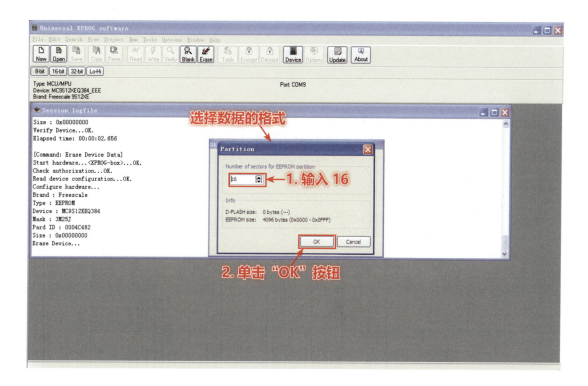

12)擦除并格式化。

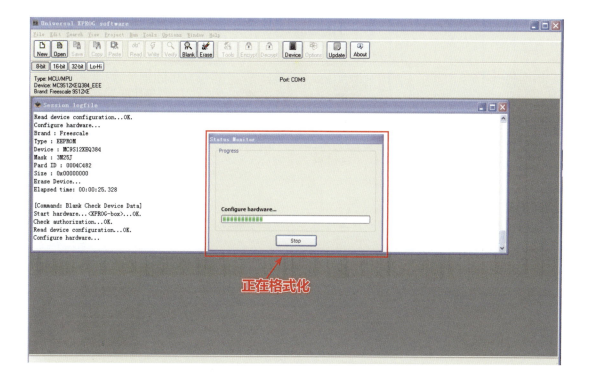

13）擦除并格式化后读出的数据全部变为"FF"。

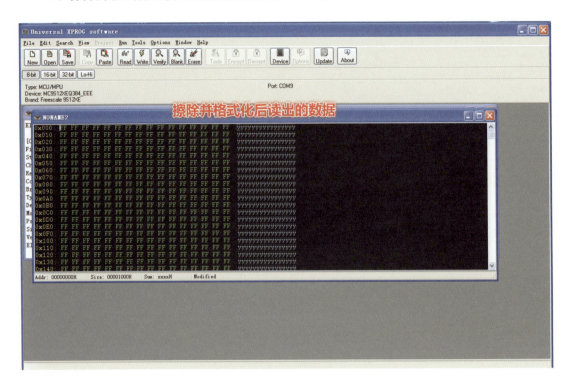

14）单击"打开"按钮，开始查找正常的数据。

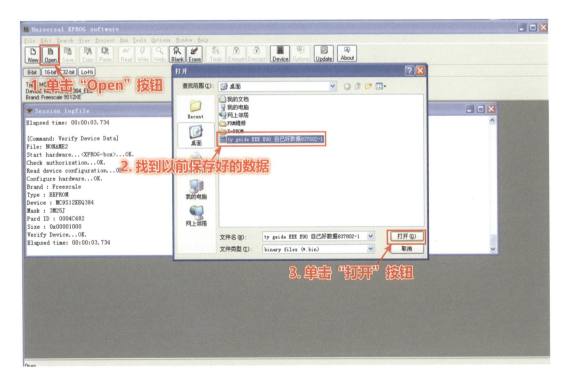

15)数据载入后,首先把 VIN 修改为与车辆相同的号码,然后单击"Write"按钮。

16)提示"Write file to Device?",单击"Yes"按钮。

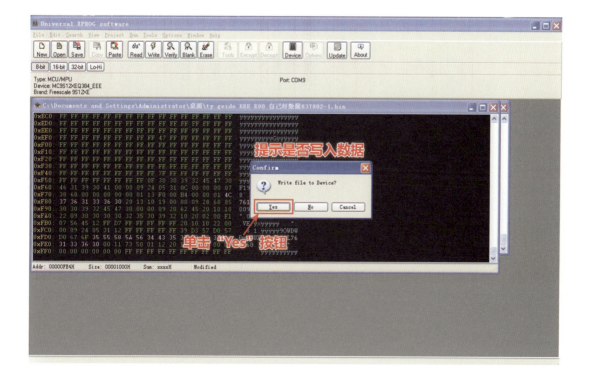

17）写入成功后，再次读出，变为正常数据。

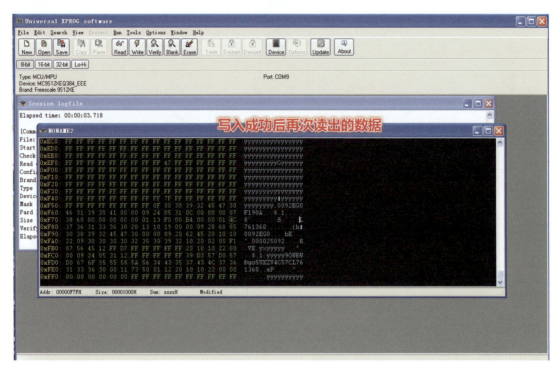

注：修复成功后装车，如有部分功能异常，需要给 FRM 模块做编程或设码。

二 奔驰 S 级 W221 KG 智能电脑维修

1. 故障现象

无钥匙进入和无钥匙起动功能失效,诊断仪无法进入 KG 系统。

2. 故障原因

KG 电脑数据丢失。

3. 维修方法

用 CG100 编程器写入正常的数据。

4. 维修步骤

1)打开 CG100 软件,选择"其他功能"。

2)选择"奔驰"。

3)选择"奔驰智能电脑"。

4）选择"奔驰智能电脑",根据接线图把设备与 KG 电脑连接,然后单击"下一步"按钮。

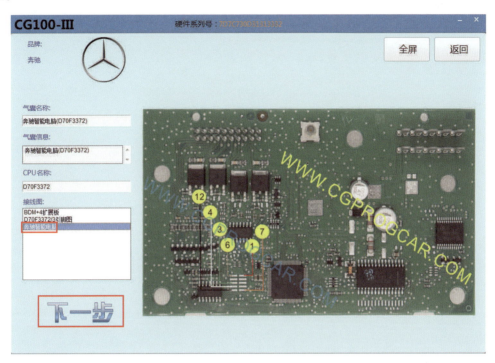

5）连接完毕。

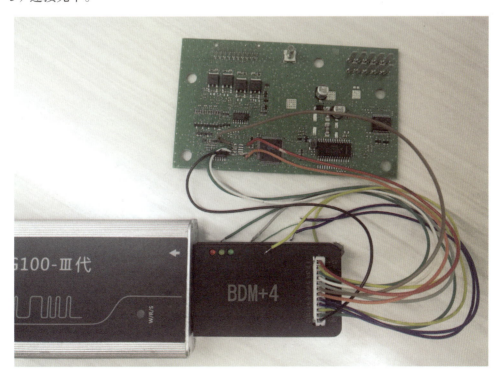

6)单击"读取"按钮。

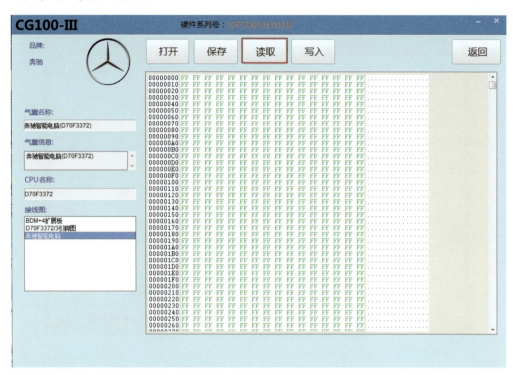

7)读取成功,单击"确定"按钮,然后单击"保存"按钮。

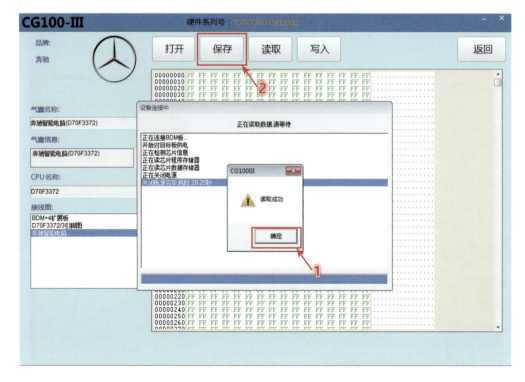

8)输入要保存的文件名,然后单击"保存"按钮。

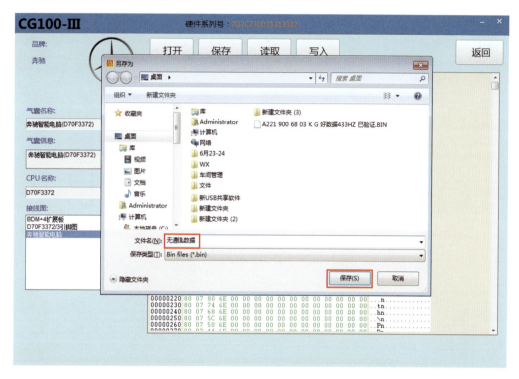

9)单击"打开"按钮。

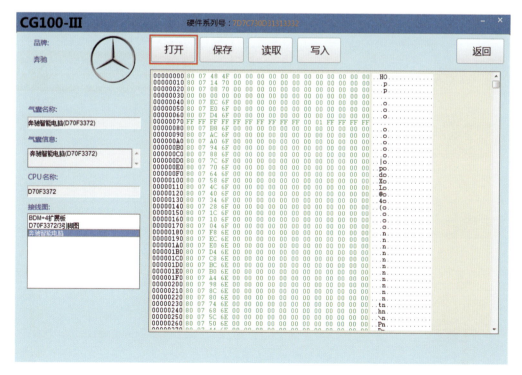

10）选择一个正常的数据，单击"打开"按钮。

11）单击"写入"按钮。

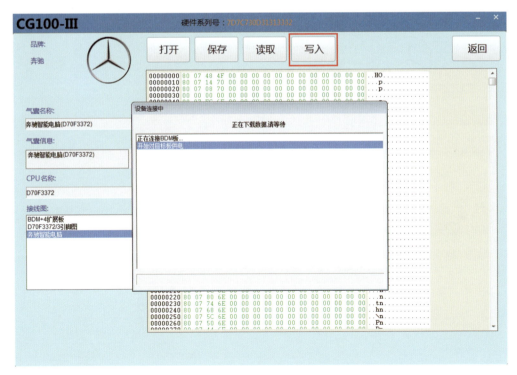

12)写入成功,单击"确定"按钮,维修完成。

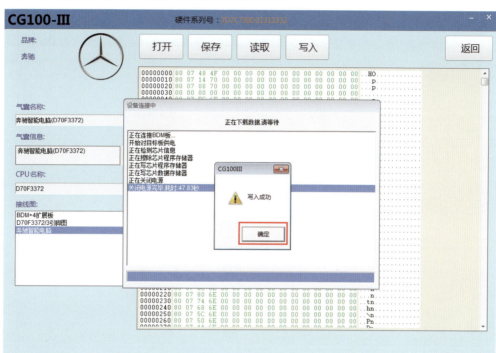

5. 数据对比

无法通信的 KG 电脑,数据从 20210~27670 行全部变为"FF"。

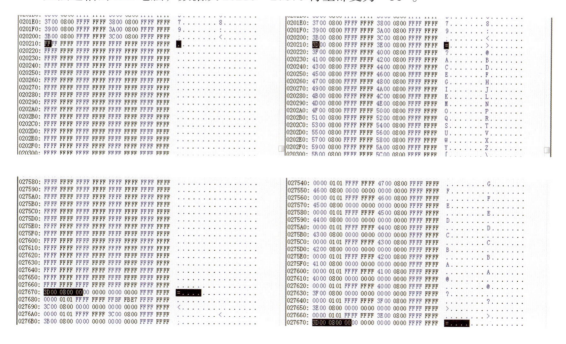